역사공화국
한국사법정
논술 노트
①

교과서 속 역사 이야기, 법정에 서다

역사공화국
한국사법정

논술 노트

고조선에서 고려까지
· 01~20권 ·

㈜ 자음과모음

차례

왜 위만왕은 고조선을
계승했다고 할까?

준왕 vs 위만왕

　　우리나라 최초의 국가 고조선의 두 왕인 준왕과 위만왕이 법정에서 만났습니다. 단군 조선의 마지막 왕인 준왕은 중국 연나라에서 온 위만에 의해 왕위에서 내려오게 되었기에 위만 조선을 절대 고조선의 왕조로 인정할 수 없다는 이유로 본 소송을 제기하였습니다. 하지만 위만왕도 할 말은 있다고 합니다. 위만왕이 고조선으로 내려올 때 조선인의 복장을 한 점, '조선'이라는 국호를 그대로 사용한 점을 강조하며 위만 조선이 고조선의 왕조로 인정받을 수 있다고 주장하지요. 또한 위만왕은 청동기 사회였던 고조선에 철기 문화를 전해 주는 등 업적도 이루었다고 말합니다.

등장인물
소개

원고 **준왕**

(기원전 3세기 ~ 기원전 2세기)
나는 단군왕검이 세운 단군 조선의 마지막
왕입니다. 아버지 부왕의 뒤를 이어 왕이
되었지만 중국에서 내려온 위만에게 왕위
를 빼앗기고 말았습니다. 갈 곳 없는 위만
을 받아들여 살게 해 주었는데 그 은혜도
모르고 나를 몰아낸 것이지요. 나는 위만
왕을 우리 고조선의 왕으로 인정할 수 없
어서 이번 재판을 열게 되었습니다.

피고 **위만왕**

(기원전 3세기 ~ 기원전 2세기)
나는 원래 고조선 사람은 아닙니다. 중국
연나라 사람이지만 고조선에 살게 되었지
요. 준왕은 나를 가리켜 '은혜도 모르는 사
람'이라고 하는데, 이건 말도 안 됩니다.
나는 준왕에 이어 고조선의 왕이 된 다음
고조선에 철기 문화를 받아들이게 하여 고
조선 사회를 발전시킨 업적을 이루었으니
까요.

단군은 여러 부족을 통합하여 고조선을 건국하였다. 단군의 고조선 건국은 우리나라의 역사가 매우 오래되었음을 말해 준다.

| 중학교 | 역사(상) | I. 문명의 형성과 고조선의 성립
 3. 고조선과 여러 나라의 성장
 (2) 철기 문화 위에 여러 나라가 성장하다 |
| 고등학교 | 한국사 | I. 우리 역사의 형성과 고대 국가
 2. 고조선과 여러 나라의 성장
 (1) 우리 민족 최초의 국가 고조선 |

고조선은 요령 지방을 중심으로 성장하여 점차 세력을 확대해 나갔다. 그래서 한반도까지 발전하였다. 기원전 3세기에는 부왕, 준왕과 같은 강력한 왕이 등장하여 왕위를 세습하였다.

기원전 2세기 위만이 무리 1000여 명을 이끌고 고조선으로 오자, 준왕은 서쪽 변경에 살 것을 허락해 주었다. 하지만 위만은 세력을 확대해 나갔고, 수도인 왕검성을 공격해 준왕을 몰아내었다.

위만은 준왕을 몰아내고 왕이 된 뒤에도 나라 이름을 그대로 조선이라 하였다. 이런 점은 위만의 조선이 단군의 조선을 계승한 것으로 볼 수 있다.

고조선과 위만 조선

모든 사람을 널리 이롭게 하라는 환웅의 뜻을 이어받아 단군왕검은 기원전 2333년에 요동 지역에 고조선을 세웁니다. 고조선은 안으로는 나라의 체계를 다져 가면서 밖으로는 세력을 키워 한반도 북부 지역까지 진출하게 됩니다. 기원전 4세기경에는 만주와 한반도 북부에 이르는 거대한 영토를 차지하게 되었습니다.

이렇게 성장을 거듭하던 고조선은 준왕 때인 기원전 2세기경에는 당시 연나라인 중국과 대립할 정도로 힘이 강해졌습니다.

당시 고조선 국경 부근에는 춘추 전국 시대에 살던 사람들이 살고 있었고, 이 중 위만이 무리를 이끌고 고조선으로 들어오게 됩니다. 위만의 무리는 자신들이 고조선 출신이라는 것을 증명하려는 듯 머리에 상투를 틀고 흰 옷을 입었지요. 준왕은 위만의 무리를 받아들여 고조선의 서쪽 국경 지대에 살게 해 주었고, 위만은 철을 다루는 뛰어난 기술을 고조선 사회에 전해 주었습니다. 위만이 전파한 철기 문화는 고조선 사회에 빠른 속도로 퍼져 나가게 됩니다. 철로 만든 농기구로 농업 생산력은 높아지고, 철로 만든 무기로 군사력은 강해졌지요.

그런데 이렇게 힘을 키워 가던 위만은 기원전 194년, 왕이 되기 위해 준왕에게 한나라가 쳐들어온다는 거짓말을 합니다. 그리고 수도를 보호한다는 구실로 궁궐을 점령했습니다. 이후 수도인 왕검성을 손에 넣은 위만은 준왕을 몰아내고 스스로 고조선의 왕이 됩니다. 그리고 고조선의 왕위는 위만의 후손들이 이어 나가게 되지요.

당시 고조선은 여러 나라가 오가는 길목에 위치하였다는 점을 이용하여 중계 무역으로 큰돈을 벌고 있었습니다. 하지만 중국의 한나라는 이렇게 고조선이 부강해지는 것을 곱게 보지 않았습니다. 한나라의 무제는 호시탐탐 기회를 노리고 있었지요. 그래서 위만의 손자인 우거왕이 고조선을 다스리고 있을 당시인 기원전 109년에 핑곗거리를 만들어 5만 명의 대군을 이끌고 고조선을 침공해 옵니다. 결국 끝까지 고조선을 지키려고 했던 우거왕은 죽음을 맞이하고 기원전 108년에 고조선도 역사의 뒤안길로 사라지고 맙니다.

● **다음 제시문을 읽고 물음에 답하시오.**

환인의 아들 환웅이 인간 세상을 구하고자 할 때, 환인이 그 뜻을 알고 홍익인간(弘益人間 : 널리 인간을 이롭게 한다) 할 만하다 생각하여 인간 세상을 다스리게 하였다.

환웅은 3000명의 무리를 거느리고 내려와 태백산의 신단수 아래에 신시(神市)를 열고 여러 신과 세상을 다스렸다. 이때 ㉠곰과 ㉡호랑이가 사람이 되고자 하여 환웅은 쑥과 마늘만으로 100일간 햇빛을 보지 않으면 사람이 될 수 있다고 하였다. 참을성 많은 곰만이 100일을 견뎌 내 사람이 되었고, 환웅과 결혼하여 아들을 낳으니 그가 곧 단군이다. 단군이 평양에 도읍하여 국호를 조선(朝鮮)이라 하였고, 뒤에 아사달에 천도하여 1500년간 나라를 다스렸다고 한다.

1 위의 글은 예로부터 전해져 내려오는 단군 신화 속 내용입니다. 이 내용에서 ㉠을 '곰을 숭배하는 부족', ㉡을 '호랑이를 숭배하는 부족'으로 보았을 때 단군 신화는 어떻게 해석될 수 있는지 생각을 쓰시오.

● **다음 제시문을 읽고 물음에 답하시오.**

(가) 고조선의 준왕은 국경을 넘어온 위만을 받아들였습니다. 덕분에 위만이 이끌고 온 1000여 명의 사람들은 고조선에 자리를 잡게 되었지요. 위만은 철기 문화를 고조선에 전했고, 준왕의 신임을 얻어 '박사(博士)'라는 관직에 임명되어 고조선의 서쪽 국경을 수비하는 역할을 맡게 됩니다. 그 뒤 점차 세력을 키운 위만은 준왕을 몰아내고 스스로 왕의 자리에 올라 고조선의 왕위를 이어 갔습니다.

(나) • 쥐구멍에도 볕 들 날 있다.

　　• 쥐도 도망갈 구멍을 보고 쫓는다.

　　• 우물에서 숭늉 찾는다.

　　• 소 가는 데 말도 간다.

　　• 공을 원수로 갚는다.

　　• 닭도 홰에서 떨어지는 날이 있다.

　　• 발 없는 말이 천리 간다.

2 (가)의 상황을 보고, (나)의 속담 중 하나를 이용하여 자신을 머물게 해 준 준왕을 내쫓고 왕위를 차지한 위만의 행동을 비판하는 글을 써 보시오.

논술
해답

　　고조선의 배경이 되는 단군 신화를 보면 하늘에서 내려온 하늘 신의
아들인 환웅과 아름다운 여인이 된 곰이 만나 단군왕검이 태어났다는
내용이 있습니다. 물론 곰이 마늘과 쑥을 먹는다고 사람이 될 수는 없지
요. 신화는 어떤 사실에 상상력이 더해져서 만들어지기 때문에 이를 사
실 그대로 믿고 이해하기보다는 당시의 시대상을 반영하였다는 점을 생
각하는 것이 중요합니다. 당시의 사람들은 곰이나 호랑이와 같은 동물
을 신성시하고 부족의 상징으로 삼았는데, 이를 '토테미즘'이라고 하지
요. 따라서 단군 신화는 하늘의 신을 믿는 부족과 곰을 섬기는 부족 사이
의 결합으로 이해할 수 있습니다.

　자신을 살 수 있도록 해 준 준왕의 은혜도 모르고 준왕을 몰아낸 위만의 행동은 비판받아 마땅합니다. 옛 속담에 '공을 원수로 갚는다'는 말이 있는데, 이 말은 '은혜를 원수로 갚는다'는 것과 같습니다. 다른 사람의 은혜나 공을 갚지는 못할망정 원수로 갚았다는 뜻이지요. 물론 위만이 철기 문화를 고조선에 전해 준 것은 고마운 일이지만, 그렇다고 그 힘을 이용해 준왕을 몰아내는 것은 옳지 않은 일입니다.

왜 부여 대소왕은
억울하다고 할까?

대소왕 vs 추모왕

　　대소왕은 주몽 이야기를 다룬 TV 드라마나 책에서 흔히 주몽의 앞날을 가로막거나 방해하는 인물로 설정되고 있습니다. 이렇게 많은 후세 사람들에게 미움을 받고 있는 부여의 대소왕이 억울하다고 제기된 재판인 만큼 재판 첫째 날에는 정말 대소왕이 추모왕을 괴롭혔는지에 대해 살펴봅니다. 이와 함께 추모왕이 부여의 반역자 또는 골칫거리였는지 살펴보지요. 그리고 재판 둘째 날에는 추모왕이 고구려를 왜 건국했는지에 대하여 알아봅니다. 끝으로 왜 대소왕은 나쁜 임금이라고 부르는지에 대해 짚어 보고 부여의 역사가 어떻게 왜곡되었는지도 함께 살펴보지요.

원고 **대소왕**

(기원전 60년경 ~ 기원후 22년)
나는 부여의 금와왕의 맏아들로 아버지의
뒤를 이어 왕이 된 대소왕입니다. 그런데
나는 왜 항상 고주몽, 즉 추모왕을 괴롭히
는 악역으로만 그려지는 걸까요? 그리고
고구려의 역사와 달리 왜 부여의 역사는
이렇게 축소되고 왜곡된 것일까요? 이런
안타까운 마음에 이번 재판을 하게 된 것
입니다. 진실은 밝혀져야 하니까요.

피고 **추모왕**

(기원전 58년경 ~ 기원전 19년)
나는 고구려를 세운 추모왕입니다. 하지만
사람들은 나를 고주몽 또는 주몽왕이라고
부르지요. 내 고향 부여에서는 활을 잘 쏘
는 사람을 주몽이라고 부르기 때문에 붙여
진 별명입니다. 어머니 유화 부인과 함께
부여의 금와왕에게 의지하여 살고 있었는
데, 금와왕의 아들들에게 많은 시기와 질
투를 받았답니다. 그래서 결국은 부여를
떠나 고구려를 세웠지요.

교과서
에는

우리 민족 최초의 국가인 고조선이 사라질 무렵 주변 지역에서는 한민족의 또 다른 집단들이 부족 단위로 세력을 키워 가고 있었다. 만주 지역에는 부여와 고구려가 자리를 잡았다.

부여와 고구려는 몇 개의 부족이 연합한 연맹 왕국으로, 부여는 왕 밑에 마가, 우가, 저가, 구가 등이 있었다.

중학교	역사(상)	I. 문명의 형성과 고조선의 성립 　3. 고조선과 여러 나라의 성장 　　(2) 철기 문화 위에 여러 나라가 성장하다
고등학교	한국사	I. 우리 역사의 형성과 고대 국가 　1. 동트는 우리 역사 　　(2) 계급이 발생하고, 국가가 출현하다
		I. 우리 역사의 형성과 고대 국가 　2. 고조선과 여러 나라의 성장 　　(2) 철기 문화를 기반으로 등장한 여러 나라

우리 민족의 조상은 신석기 시대에 요령, 만주, 한반도 일대에 정착한 주민들로 짐작된다. 고조선, 부여, 고구려, 삼한 등의 나라를 세운 종족들이 우리 민족의 주류를 이루었다.

부여는 우리 역사에서 고조선 다음으로 성립한 나라였으며, 고구려와 백제의 건국 세력들은 자신들이 부여의 후예임을 주장하였다.

고구려의 시조가 태어난 나라, 부여

부여는 고조선이 멸망하기 전에 세워져 약 600년 동안 있었던 나라입니다. 부여의 등장에 뒤이어 고구려, 동예, 옥저, 삼한 등이 생겨났지요. 이 시기는 역사적으로 아주 오래전에 해당하기 때문에 기록이나 유물 등을 쉽게 찾아볼 수 없지요. 다행히 중국의 역사책인 『삼국지』 '위서 동이전'에 이 나라들에 대한 기록이 남아 있어 이 내용을 토대로 당시의 생활을 어렴풋이나마 짐작해 볼 수 있습니다.

부여의 시조는 동명인데, 부여 북쪽의 탁리국이라는 왕의 시녀가 낳은 알에서 태어났다고 전해집니다. 동명은 어려서부터 활을 무척 잘 쏘았는데, 자신을 시기하는 사람들을 피해 남쪽으로 내려와 부여를 세웠다고 하지요. 그런데 이러한 부여의 건국 신화는 고구려 주몽의 건국 신화와 아주 유사합니다.

또한 고구려의 시조인 주몽은 부여에서 태어난 사람이었습니다. 부여의 왕인 금와왕이 우발수 연못가로 행차를 갔다가 강의 신인 하백의 딸 유화 부인을 만나 궁궐로 데려왔다고 합니다. 이 유화 부인이 낳은 사람이 바로 고구려의 시조인 주몽, 즉 추모왕이지요. 주몽은 어렸을 때부터 부여의 궁궐에서 자라게 되었고, 금와왕의 아들이자 금와왕에 이어 부여의 왕이 될 대소는 주몽의 존재가 불편할 수밖에 없었습니다. 결국 주몽은 대소왕을 피해 부여를 떠나 졸본에 고구려를 세우게 됩니다.

이처럼 부여와 고구려는 지리적으로도 가까웠을 뿐만 아니라, 건국 신화는 물론 시조의 태생에 이르기까지 아주 인연이 깊은 나라이기도 하지요.

● **다음 제시문을 읽고 물음에 답하시오.**

(가) • 살인자는 사형에 처하고 그 가족은 노비로 삼는다.

　　 • 도둑질을 한 사람은 물건 값의 열두 배를 물어내야 한다.

　　 • 간음한 사람은 사형에 처한다.

　　 • 투기가 심한 부인은 사형에 처한다.

(나) • 사람의 목숨을 해한 자는 사형에 처한다.

　　 • 남을 다치게 한 자는 곡식으로 배상한다.

　　 • 남의 물건을 훔친 자는 노비가 되어야 하며, 용서를 받으려면 돈을 내야 한다.

1 (가)는 부여의 법이고, (나)는 고조선의 법입니다. 비슷한 시기에 있었던 두 나라의 법을 비교하여 공통점과 차이점을 쓰시오.

● 다음 제시문을 읽고 물음에 답하시오.

(가)

	부여	고구려
국토 면적	사방 2000리	사방 2천 리
인구	호수 8만 호	호수 3만 호
토질	넓고 평탄함, 넓은 들 많음.	산골짜기 많음, 좋은 논밭 없음.
경제	나라는 매우 부강. 근엄 후덕하고 노략질하지 않음.	부지런히 농사지어도 식량 부족, 음식을 아껴 먹음. 노략질 좋아함.

(나) 옛날 시조 추모왕이 나라를 세웠다. 시조는 북부여에서 나셨는데, 천제의 아들이다. (중략) 광개토 대왕은 백제를 공격해 아신왕의 항복을 받아 내고, 신라에 침입한 왜를 물리쳐 신라를 복속시켰으며, 북으로 거란과 숙신, 동부여를 복속시켰다.

2 (가)는 『삼국지』에 실린 부여와 고구려에 대한 내용이고, (나)는 '광개토 대왕릉비'에 실린 부여와 고구려에 대한 내용입니다. 이를 보고, 역사를 연구할 때 올바른 관점에 대해 쓰시오.

논술
해답

해답 1

(가)는 부여의 법으로 도둑질한 사람에게 물건 값의 열두 배를 물어내게 했기 때문에 '1책 12법'이라고도 불립니다. 그리고 (나)는 고조선의 8조법 중 현재까지 전해지는 3개의 항목이지요. (가)와 (나)에 모두 사람의 목숨을 해한 자에게 큰 벌을 내리는 조항이 있는 것으로 보아 부여와 고조선 사람들은 사람의 생명을 소중히 여겼음을 알 수 있습니다. 또한 남의 물건을 훔칠 수 있었다는 것으로 보아 각자의 재산, 즉 사유 재산이 있었다는 것도 알 수 있지요. 그리고 (가)의 '그 가족은 노비로 삼는다'는 부분과 (나)의 '노비가 되어야 하며'라는 부분을 보아 부여와 고조선 모두 노비가 있었다는 공통점이 있습니다.

하지만 현재 전해지는 법을 통해 부여와 고조선을 비교하자면, 부여의 법이 고조선의 법보다 좀 더 엄격했음을 알 수 있습니다. 똑같은 '살인'이라는 죄를 저지르고 고조선은 잘못을 한 사람만 사형을 당하는 반면, 부여는 그 가족까지 노비가 되어야 하기 때문이지요. 그리고 '투기가 심한 부인은 사형에 처한다'는 조항을 보아 부여가 매우 남성 중심의 사회였음을 짐작할 수 있습니다.

해답 2

중국 진나라의 학자가 편찬한 것으로 위, 촉, 오 3국의 역사를 담은 책인 『삼국지』는 중국의 역사서일 뿐만 아니라 부여, 고구려, 동옥저, 삼한 등의 역사가 담긴 책입니다. (가)는 바로 이 『삼국지』에 실린 부여와 고구려의 내용을 표로 정리한 것인데, 그 내용이 상이하게 다른 것에 주목할 만합니다. 부여와 고구려는 면적은 비슷한데 부여가 3배 가까이 인구가 많고, 토질이나 경제 면에서도 훨씬 우수한 것으로 그리고 있기 때문이지요.

또한 '광개토 대왕릉비'에 실린 (나)의 내용을 보면 고구려의 시조인 추모왕을 천제의 아들이라고 칭하고, 광개토 대왕의 우수한 면만을 평가하고 있습니다.

이로써 역사적 사실을 기록할 때도 기록하는 사람의 주관이 개입될 수 있음을 알 수 있습니다. 그러나 역사를 볼 때는 하나의 사실이기는 하지만, 한 권의 관점을 따라서는 안 될 것입니다. 역사를 편협한 시각에서 바라보면 올바르게 이야기할 수 없기 때문입니다.

왜 온조는 백제를 세웠을까?

비류 vs 온조

한국사에서 고대 국가라 불리는 고구려, 백제, 신라 삼국 중 고구려는 주몽을, 신라는 박혁거세를 주인공으로 하는 건국 신화를 갖고 있습니다. 하지만 유독 백제만은 변변한 건국 신화도 없이 짤막한 건국 설화만이 전해지고 있지요. 이 책에서는 백제의 건국에 대해 알아보고 있습니다. 이 책은 온조와 비류가 고구려를 떠난 이유를 알아보는 것에서 시작합니다. 그리고 재판의 본론인 온조와 비류 중 누가 백제의 시조인지 알아보는 내용이 재판 둘째 날에 담겨 있습니다. 재판 셋째 날에는 온조가 어떻게 백제를 강하게 만들었는지에 대해 알아보고 있답니다.

등장인물
소개

원고 **비류**

(? ~ ?)

나는 백제의 초대 시조이지만 나에 대해서
는 많이 알려져 있지 않습니다. 아니, 나에
대해 제대로 알고 있는 사람도 별로 없습
니다. 오히려 내 동생 온조를 백제의 시조
로 알고 존경하는 사람들은 많지요. 하지
만 '백제'라는 이름도 내가 처음 사용한 만
큼 백제의 시조는 내가 되는 게 맞다고 생
각합니다.

피고 **온조**

(? ~ 28년)

나는 비류 형님의 동생이자, 고구려의 정
통을 계승한 군주이자, 백제의 건국 시조
인 온조입니다. 누가 뭐래도, 형님이 아무
리 우겨도 마한을 멸망시키고 나라를 튼튼
히 세운 내가 진정한 백제의 시조이지요.
후세 사람들은 다 아는 이런 사실을 왜 형
님은 자꾸 아니라고 하시는지 답답할 뿐입
니다.

고구려 시조인 주몽의 아들 유리가 부여에서 졸본으로 주몽을 찾아오자, 비류와 온조 형제는 무리를 이끌고 내려와 비류는 지금의 인천인 미추홀에 온조는 지금의 서울인 위례성에 각각 자리를 잡았다. 뒤에 비류의 세력이 온조의 세력에 흡수되었다.

백제는 북쪽에서 내려온 유이민들이 한강 유역의 위례성에 자리 잡으면서 시작되었다. 백제의 건국 설화를 보면 백제 건국을 주도한 세력이 고구려계의 유이민이었음을 짐작할 수 있다.

중학교	역사(상)	II. 삼국의 성립과 발전
		  1. 삼국의 성립
		    (2) 백제가 한강 유역에서 나라를 세우다

고등학교	한국사	I. 우리 역사의 형성과 고대 국가
		  3. 삼국, 교류와 경쟁 속에서 발전하다
		    (1) 삼국, 중앙 집권적 고대 국가로 성장하다

『삼국사기』의 기록에 의하면 고구려를 건국한 주몽의 아들인 온조가 지금의 서울인 하남 위례성에 백제를 건국하였다. 고구려의 돌무지무덤과 백제의 돌무지무덤의 양식이 비슷한 것으로 보아 백제 세력이 고구려계 유이민이었음을 짐작할 수 있다.

백제의 시조, 온조? 비류?

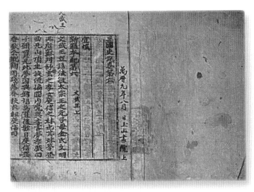

『삼국사기』

　고려의 역사학자 김부식이 당시 왕인 인종의 명을 받아 쓴 『삼국사기』는 삼국 시대의 정사를 담은 역사책입니다. 고려 인종 23년인 1145년에 완성된 책으로 '삼국 시대'라 불리는 1000년 동안의 역사를 담고 있지요. 그중 본기는 고구려 10권, 백제 6권, 신라와 통일 신라 12권으로 이루어져 있습니다. 백제의 역사를 다루고 있는 이 책의 '백제본기'에 시조 부분을 찾아보면 백제의 건국에 관한 내용을 살펴볼 수 있습니다. 그 대략의 내용을 살펴보면 다음과 같지요.

　백제의 시조 온조왕은 아버지가 추모이다. 혹은 주몽이라고도 한다. 주몽은 두 명의 아들을 낳았는데, 맏아들은 비류, 둘째 아들은 온조라고 한다. 그런데 주몽이 북부여에서 낳았던 아들이 이곳에 와서 태자가 되자 비류와 온조는 오간, 마려 등 열 명의 신하와 함께 남쪽 지방으로 떠났다. 비류는 바닷가에 거주하기를 원하였다. 그래서 백성들을 나누어 미추홀로 가서 터를 잡았다. 온조는 하남 위례성에 도읍을 정하고 국호를 십제라고 하였다.
　한편 비류는 미추홀의 토지가 습기가 많고 물에 소금기가 있어 편히 살 수 없다며 위례로 돌아왔고, 이에 국호를 백제로 바꾸었다.

-『삼국사기』중에서 -

　하지만 이런 주장에 이의를 제기하는 역사가들이 있는 것도 사실입니다. 특히 온조의 형인 비류의 존재를 생각하며 한강 유역의 고고 자료 등을 토대로 백제를 처음 세운 것이 온조가 아니라 비류가 아닐까 하는 의구심을 갖는 사람들이 생긴 것입니다.

한 걸음 더! 역사 논술

〈역사공화국 한국사법정 3 왜 온조는 백제를 세웠을까?〉와 관련한 논술 문제를 풀어 봅시다.

● **다음 제시문을 읽고 물음에 답하시오.**

(가) 비류와 온조는 고구려의 왕후인 소서노의 첫째 아들과 둘째 아들로 주몽에 이어서 왕위를 이어받을 예정이었습니다. 하지만 고구려는 갑자기 나타난 주몽의 아들 유리 왕자로 인해 혼란에 휩싸입니다. 비류와 온조 왕자는 유리가 뛰어난 무예와 학식을 갖춘 자라는 것을 느끼고 소서노 왕후와 함께 새로운 땅으로 여행을 하기 시작합니다.

(나) 한강 유역으로 내려와 신하들이 모두 한강 남쪽에 자리를 잡자고 권하지만, 아우인 온조와 달리 비류는 바닷가에서 살고 싶었습니다. 그래서 비류는 백성을 나눠 미추홀로 가서 살았는데, 땅이 습

하고 물이 짜서 편히 살지 못했습니다.

1 (가)와 (나)를 읽고 비류의 입장이 되어 비류의 마음을 이해하는 편지를 쓰시오.

● **다음 제시문을 읽고 물음에 답하시오.**

(가) "처음 대왕이 부여에서 난을 피해 이곳으로 도망 오셨을 때 우리 어머니께서 재산을 기울여 나라를 세우는 것을 도와 애쓰고 노력함이 많았다. 지금 대왕이 세상을 떠나신 이후 나라가 유리에게 돌아갔으니, 우리가 여기에서 혹처럼 남아 있는 것은 차라리 어머님을 모시고 남쪽으로 가서 좋은 땅을 선택해 도읍을 세우는 것만 같지 못하다."

(나) "이 하남 땅은 북쪽으로 한수(한강)가 띠를 둘렀고, 동쪽으로 높은 산악에 의거했으며, 남쪽은 비옥한 들판이 바라보이고 서쪽은 큰 바다로 가로막혔으니, 이런 자연적인 요새와 지리는 얻기 어려운 지세입니다. 도읍을 여기에 세우는 것이 어찌 마땅하지 않겠습니까?"

2 (가)는 고구려를 떠날 당시 비류나 온조의 말을 추측해 본 것이고, (나)는 위례성에 도읍을 정하기를 주장하는 신하의 말을 추측해 본 것입니다. (가)와 (나)를 읽으며 백제가 건국될 당시를 생각할 때 비류와 온조가 나누어지지 않고 함께 백제를 건국했으면 어떠했을지 생각하여 쓰시오.

해답 1

비류 왕자에게

안녕하세요. 비류 왕자님.

백제의 역사를 배우다 왕자님에 대한 이야기를 알게 되었어요.

정말 험난한 인생을 사신 거 같아 마음이 아팠어요. 당연히 왕이 될 수 있을 거라고 생각하며 열심히 살았는데, 어느 날 갑자기 유리 왕자가 나타나 왕이 되지 못한 일도 있었고, 자신을 믿어 주는 신하들과 새로운 세상에서 잘 살고 싶었는데 그것도 뜻대로 안 되었잖아요.

정말 저 같았어도 많이 힘들고 속이 상했을 거예요. 그래도 비류 왕자님 인생은 '새옹지마'라고 하잖아요. 또 좋은 일이 생길 거예요. 그러니 힘내세요.

2000년 ○월 ○일

백제의 역사를 배우게 된 학생 올림

해답 2

『삼국사기』에 전해지는 이야기에 따르면 고구려에서 비류와 온조가 어머니인 소서노 왕후를 모시고 내려왔다고 합니다. 그리고 온조는 지금의 서울인 위례성에, 비류는 지금의 인천인 미추홀에 자리를 잡았지요. 서로 터를 잡고자 하는 곳이 달랐기 때문입니다. 그런데 비류가 자신의 주장을 꺾고 위례성에서 어머니, 동생과 함께 백제를 건국했다면 백제의 시조는 온조가 아닌 비류로 기록되었을 것입니다.

04

왜 가야는 하나로
통일되지 못했을까?

월광 태자 vs 진흥왕

'삼국 시대'는 대개 삼국이 건국되던 기원전 50년 무렵부터 신라가 삼국을 통일하는 668년까지 고구려·백제·신라 세 나라가 서로 경쟁하며 주도권 싸움을 하던 시기를 말합니다. 그런데 삼국 시대에는 국제적인 교역을 하고, 제철 기술이 뛰어났던 가야도 분명히 존재했습니다. 하지만 가야의 역사는 남아 있는 사료가 거의 없어 많이 알려져 있지 않지요. 이에 가야의 마지막 태자인 월광 태자는 가야를 멸망시킨 신라의 진흥왕에게 소송을 제기합니다. 그리고 가야와 신라 중 어느 나라가 더 강한 나라였는지, 가야가 어떻게 신라에게 멸망했는지 등에 대해 살펴봅니다.

원고 **월광 태자**

(523년경 ~ ?)
나는 가라국 이뇌왕의 아들이자 가라국의
마지막 태자인 월광이라고 합니다. 562년
신라에게 나라가 망한 후 가야산에 월광사
라는 절을 짓고 생을 마쳤지요. 신라 진흥
왕에 의해 멸망함으로써 가야의 진실이 후
대 사람들에게 제대로 알려지지 못한 것
같아 이번 소송을 제기하게 되었습니다.

피고 **진흥왕**

(534년 ~ 576년)
나는 신라 제24대 왕인 진흥왕입니다. 법
흥왕의 뒤를 이어 신라의 왕이 되었지요.
가야도 신라만큼 강한 힘을 보인 적도 있
었다는 것 인정합니다. 하지만 그때 신라
는 전성기를 맞고 있었고, 한반도는 치열
하게 각축전을 벌이고 있었습니다. 따라서
내가 한 행동이 잘못되었다고 생각하지는
않습니다.

5세기 후반 가야 연맹은 크게 성장하였다. 하지만 6세기에 이르러 백제와 신라 중간에서 크게 위축되었고, 불안한 정치 상황이 계속되었다. 삼국이 이미 중앙 집권 체제를 마련한 것과 달리 가야 연맹은 각 소국으로 나누어져 지배력을 집중시키지 못했다.

낙동강 하류 유역의 변한 땅에서 가야의 여러 나라가 일어났다. 가야는 연맹 왕국으로 초기에는 김해의 금관가야가, 후기에는 고령의 대가야가 가야 연맹을 주도하였다.

중학교	역사(상)	II. 삼국의 성립과 발전 　2. 삼국의 발전 　　(4) 가야가 연맹 왕국 단계에서 멸망하다
고등학교	한국사	I. 우리 역사의 형성과 고대 국가 　3. 삼국, 교류와 경쟁 속에서 발전하다 　　(1) 삼국, 중앙 집권적 고대 국가로 성장하다
		I. 우리 역사의 형성과 고대 국가 　3. 삼국, 교류와 경쟁 속에서 발전하다 　　(2) 삼국 간의 상호 항쟁이 본격화되다

소국들이 모여 연맹체를 이루고, 이를 한 명의 왕과 대등한 권력을 가진 족장들이 있는 형태가 바로 연맹 왕국이다. 이후 중앙 집권적 고대 국가로 성장하면서는 왕이 귀족들을 관리하는 형태가 된다. 부여와 가야는 고대 국가로 성장하지 못한 채 삼국에 흡수되었다.

신라는 6세기 들어 지증왕, 법흥왕, 진흥왕 때에 국력이 크게 팽창하였다. 법흥왕 때에 금관가야를 병합하여 영토를 확장하고, 진흥왕 때에 대가야를 정복하게 된다.

미리 알아두기

가야 연맹의 흥망성쇠

공동의 목적을 가진 단체나 국가가 서로 돕고 행동을 함께할 것을 약속하거나 그런 조직체를 가리켜 '연맹'이라고 합니다. 기원 전후부터 562년까지 낙동강 하류 지역에는 여러 국가가 연맹 왕국 형태를 띠고 있었는데, 그 지역에 있던 각 국가들을 가리켜 '가야'라고 하지요. 대표적으로 대가야, 금관가야, 성산가야, 아라가야, 고령가야, 소가야 등이 있었습니다. 일연이 쓴 『삼국유사』의 '가락국기'에도 가야에 대한 기록은 남아 있지만 그 양이 적어 가야의 역사를 속속들이 알기에는 어려움이 있는 것이 사실입니다.

일반적으로 가야는 『삼국지』의 '동이전'에 나오는 변한 12국에서 발전한 것으로 보고 있습니다. 작은 나라, 즉 소국이 연맹을 맺은 형태로 초기에는 김해의 금관가야가 문화 중심으로 발전된 면모를 보이다 5세기 중엽에는 고령의 대가야를 중심으로 힘을 모았습니다. 하지만 가야는 하나의 국가로 통합되지 못하여 힘을 하나로 모으는 데 많은 어려움이 있었습니다.

그럼 가야 사람들의 생활은 어떠하였을까요? 가야 지역은 기후가 온난하고 땅이 비옥하고 평야가 많았지요. 그뿐만 아니라 질 좋은 철광산이 산재하여 철 생산에도 높은 성과를 보였습니다. 김해 대성동 2호분에서 출토된 철로 만든 여러 유물을 통해 이를 확인할 수 있지요. 또한 가야는 낙동강과 바다를 이용한 수상 교통의 이점을 활용하여 백제와 왜(일본) 사이의 중개 역할도 하였습니다. 물론 자신들이 만든 철제 물품을 팔기도 하였지요.

이처럼 활발하게 활동하던 가야는 신라에 의해 멸망하고 맙니다. 직접적인 멸망 원인은 562년 대가야가 신라의 이사부가 이끄는 2만 대군을 막아내지 못한 데서 찾을 수 있지요. 가야는 여러 가지 요인 때문에 주변의 소국들을 하나로 뭉쳐 중앙 집권 체제를 마련하는 데 어려움이 있었습니다. 그런 까닭에 백제나 신라로부터 여러 위협을 받았지만 한목소리로 대처할 수 없었지요. 자신들의 힘을 하나로 모으기 어려웠던 것입니다.

● **다음 제시문을 읽고 물음에 답하시오.**

(가) 대가야의 왕인 가실왕은 악사인 우륵을 시켜 중국의 현악기인 '금'을 본떠 가야금을 만들게 하였습니다. 우리나라를 대표하는 국악기 중 하나인 가야금은 이렇게 탄생하게 되었지요.

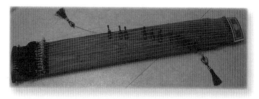
가야금

(나) 가야 연맹 중에서도 특히 김해 지방에 자리 잡고 있었던 금관가야는 철광석이 풍부했을 뿐 아니라 철을 수출하던 대표적인 항구도

있었습니다. 그래서 철을 중국과 왜에까지 수출할 수 있었지요.

(다) 400년에 가야와 백제가 힘을 합쳐 신라를 공격하였습니다. 그리고 481년에는 고구려와 말갈군이 신라를 공격하자 대가야와 백제가 신라를 도와주지요.

1 (가)와 (나)의 내용을 토대로 가야가 어떤 나라였는지 짐작하여 쓰시오.

● **다음 제시문을 읽고 물음에 답하시오.**

(가) 가야는 질 좋은 철을 많이 생산하고 이를 수출하는 경제력이 있는 나라였습니다. 하지만 가야는 중앙 집권 국가로 성장하지 못하고 연맹 왕국 단계에 머무를 수밖에 없었지요. 그리고 결국 여러 나라 사이에 끼어 있다가 신라에 의해 멸망하고 맙니다.

(나) • 가뭄에 콩 나듯 한다.
　　 • 뭉쳐야 산다.
　　 • 강 건너 불구경하듯 한다.
　　 • 도둑이 제 발 저리다.
　　 • 등잔 밑이 어둡다.
　　 • 소 잃고 외양간 고친다.
　　 • 사공이 많으면 배가 산으로 간다.

2 (가)는 가야의 멸망에 대한 내용이고, (나)는 여러 가지 속담입니다. 가야의 멸망의 이유로 적합한 속담을 (나)에서 찾아 그 이유와 함께 쓰시오.

논술
해답

해답 1

(가)의 내용을 보면 가야의 가야금에 대해 알 수 있습니다. 가야의 이름을 딴 가야금은 우리나라 대표 악기이기도 하지요. (나)를 보면 풍부한 철광석으로 철을 수출한 것을 알 수 있습니다. 또한 (다)를 보면 가야가 힘이 약한 나라가 아니라는 것도 짐작할 수 있지요.

이러한 내용을 종합해 보면 가야는 문화와 예술이 발달하고 경제적으로도 풍족한 나라였음을 알 수 있습니다. 특히 해상 무역이 발달하여 교역도 활발하였지요. 그리고 주위의 여러 나라와도 견제와 협조를 하며 성장하였던 나라였음을 알 수 있습니다.

여러 나라로 나뉘어 있던 가야는 서로 비슷한 힘을 가지고 있어 어느한 나라가 통일을 할 수가 없었습니다. 그런데 가야가 있던 당시에는 힘을 키워 영토 확장을 하던 시기였고, 이 틈바구니 속에서 뭉치지 못했던 가야는 멸망의 길을 걷게 됩니다. '뭉쳐야 산다'는 옛 속담처럼 힘을 하나로 합치지 못했던 결과였지요.

05

왜 백제의 칠지도가
일본에 있을까?

백제인 vs 야마토

독특한 모양의 칼로 유명한 칠지도를 백제왕이 일왕에게 하사한 것인가, 아니면 진상한 것인가 하는 논쟁은 여전히 계속되고 있습니다. 백제왕이 하사한 것이라면 백제의 국력이 왜보다 위에 있음을 증명하는 것이 되고, 백제왕이 진상한 것이라면 왜의 국력이 백제보다 위에 있음을 증명하는 것이지요. 이에 이 책에서는 '왜 칠지도가 일본에 있을까?'에 의문을 갖고, 칠지도에 새겨져 있는 글의 내용과 일본의 역사서인『일본서기』에 대해 알아봅니다. 더불어 백제의 국제적인 위치에 대해 알아보며 백제의 국력을 짐작해 봅니다.

등장인물
소개

원고 **백제인**

(가상의 인물)

나는 백제를 대표해서 나온 '백제인'입니다. 더 이상 우리 백제와 백제 사람들의 명예가 훼손되는 것을 두고 볼 수가 없어서 소송을 하게 되었습니다. 일부 일본 사람들이 자꾸 칠지도(몸체에 6개의 가지가 붙어 있는 독특한 형태의 칼)를 백제가 일본에게 바친 것이라고 말하는데, 정말 말도 안 되는 주장이 아닐 수 없습니다.

피고 **야마토**

(가상의 인물)

나 야마토는 일본 사람입니다. 그리고 칠지도는 일본 이소노카미 신궁에서 전해져 오는 칼로 백제가 우리 일본에게 바친 보물 중 하나입니다. 백제가 일본에게 잘 보이려고 바친 것이지요. 이런 내 생각에는 눈곱만큼의 흔들림도 없음을 밝혀 두는 바입니다.

교과서
에는

백제는 4세기 후반인 근초고
왕 때 전성기를 맞게 되고, 국
제적 지위도 한층 높아진다. 중
국의 동진, 가야, 왜와 외교 관
계를 맺었다. 백제는 중국의 요
서, 산둥 지방과 일본의 규슈 지
방에 진출하기도 하였다.

백제는 불교를 장려하고 중국과 문물을
교류하였으며, 바다 건너 왜와도 우호적
인 관계를 가졌다. 그래서 불교를 비롯
한 여러 문물을 전해 주었다.

중학교	역사(상)	II. 삼국의 성립과 발전 　1. 삼국의 성립 　　(2) 백제가 한강 유역에서 나라를 세우다
		I. 삼국의 성립과 발전 　2. 삼국의 발전 　　(2) 백제가 위기 극복에 성공하다
고등학교	한국사	I. 우리 역사의 형성과 고대 국가 　3. 삼국, 교류와 경쟁 속에서 발전하다 　　(4) 활발한 문화 교류를 통해 발전한 삼국 　　〈삼국의 국제 교류가 활발해지다〉
		I. 우리 역사의 형성과 고대 국가 　3. 삼국, 교류와 경쟁 속에서 발전하다 　　(4) 활발한 문화 교류를 통해 발전한 삼국 　　〈삼국 문화, 일본에 전파되다〉

백제는 주로 남중국과 교류하였고, 중
국과 가야, 왜 등을 연결하는 해상 무
역을 하기도 하였다.

삼국 중 일본과 가장 밀접한 관계를 맺
었던 것은 백제이다. 4~7세기에 이르기
까지 유교, 의학, 천문, 역법을 전해 주었
다. 특히 일본 이소노카미 신궁에 보관되
어 있는 칠지도는 4세기 백제 왕이 왜왕
에게 하사한 칼이다.

4세기경의 백제와 동아시아

백제는 고구려보다 늦게 나라를 세웠지만 주변의 어느 나라보다 빠르게 성장했습니다. 일찍부터 철기 문화와 농경 문화가 발달했던 한강 유역의 위례성에 도읍을 정한 덕분이었지요. 특히 한강 유역은 바다를 통해 중국의 선진 문물을 받아들일 수 있다는 장점도 있었습니다.

백제는 제8대 고이왕 때부터 중앙 집권 국가의 기틀을 마련하고 국가 조직을 정비해 제13대 근초고왕에 이르러서 최고의 전성기를 맞게 됩니다. 황해도 일대를 장악하고 마한 전 지역을 차지하는 등 영토 확장에 박차를 가했지요. 이러한 영토 확장을 바탕으로 백제는 중국의 동진, 이웃 나라인 가야, 바다 건너 왜와 외교 관계를 맺었습니다. 또한 당시 국경을 맞대고 있는 강력한 나라인 고구려와는 견제하는 관계를 유지하였지요.

이렇게 힘이 왕성하던 4세기 말 백제는 근초고왕 때 일본에게 『천자

문』과『논어』를 전합니다. 그뿐만 아니라 성왕 때인 552년에는 불경과 불상을 보내 불교를 전파하기도 하였지요. 물론 이후에도 백제의 많은 예술가나 기술자들이 일본에 건너가 문화를 전해 주었습니다. 따라서 백제가 일본에 전해 주었다는 '칠지도'도 이와 같은 맥락에서 백제의 왕이 일본의 왕에게 하사한 것으로 봅니다.

하지만 일본에서는 일본의 역사서인『일본서기』를 바탕으로 일본이 가야 지역을 식민지로 하고 백제와 신라까지 보호국으로 하였다는 주장을 하고 있습니다. 이런 맥락에서 '칠지도'는 백제의 왕이 일본의 왕에게 바친 것이라고 말하고 있지요.

● **다음 제시문을 읽고 물음에 답하시오.**

(가) 200년 일본의 진구 황후는 삼한을 정벌하였는데, 우선 신라를 쳐서 항복을 받고 이때 고구려왕·백제왕도 신라에 와서 항복하여, 이로부터 200년간 일본이 가야 지역에 미마나라는 직할지를 두었으며, 백제·신라도 보호국으로 하였다.

-『일본서기』 중에서-

『일본서기』

(나) 일본에는 당시 야마타이국을 비롯하여 무려 30여 개의 소국이 있
었다. 역사학의 상식을 따르면 일본 열도를 통일하게 될 야마토
국가의 모체가 형성된 것이 5세기, 일본이라는 국호가 생긴 것은
고대 국가가 성립된 6세기 말엽이다.

–『삼국지』위지 동이전 왜인전 중에서–

1 (가)는 8세기에 만들어진 일본의 역사서에 나오는 내용이고, (나)는 중국
의 역사서에 나오는 내용입니다. (나)를 바탕으로 (가)의 내용을 비판하
여 쓰시오.

● 다음 제시문을 읽고 물음에 답하시오.

(가) 아직기는 백제의 학자로 일본의 역사서인 『고사기』에는 아지길 사, 『일본서기』에는 아직기로 기록되어 있습니다. 근초고왕 때 왕 명으로 말 두 필을 전해 주러 일본에 건너갔던 아직기는 경전을 잘 읽어 태자의 스승이 되었지요. 또한 백제의 박사인 왕인을 불러 일본에 한학을 전하게 하였습니다.

(나) 백제는 불교 문화도 일본에 전해 주었는데, 승려였던 혜총은 일본에 건너가 쇼토쿠 태자의 스승이 되었습니다.

(다) 일본의 제35대 왕인 고교쿠 왕은 역사상 두 번째로 나타난 여성 왕입니다. 642~645년에 왕위에 있었고, 37대 왕으로 다시 즉위하여 왕위에 두 번 오른 인물이기도 합니다. 백제가 신라의 공격을 받아 위험에 빠지자 661년 백제에 지원군을 보내기 위해 지금의 후쿠오카인 츠쿠시에 머무르다가 그곳에서 죽었습니다.

고교쿠 왕

2 (가)~(다)를 읽고, 당시 백제와 일본과의 관계에 대해 추측할 수 있는 내용을 쓰시오.

해답 1

다른 나라를 점령하여 식민지로 삼기 위해서는 힘이 있어야 합니다. 그런데 자신의 주변 소국들도 통일을 시키지 못할 정도로 힘이 없는 나라가 바다를 건너와서 삼한을 정벌하였다는 것은 앞뒤가 맞지 않습니다. 가야가 멸망한 것은 6세기 중엽의 일입니다(532년 금관가야, 562년 대가야 멸망). 하지만 (나)를 보면 일본이라는 국호가 생긴 것은 6세기 말엽이라는 것을 알 수 있지요. 따라서 6세기 말엽에 생긴 나라가 6세기 중엽에 멸망한 나라에 직할지를 두어 200년간 다스렸다는 것은 있을 수 없는 일입니다.

(가)와 (나)를 보면 백제가 일본에 학자와 승려를 보내 주어 문화를 전파한 것을 알 수 있습니다. 또한 (다)를 보면 일본이 백제를 군사적으로 도와주려 하였다는 것을 알 수 있지요. 이처럼 백제와 일본과의 관계는 우호적이고 상호 원조하는 형태였을 것으로 추측됩니다. 『삼국사기』에도 백제와 일본의 관계가 우호적이었다고 기록되어 있습니다. 백제는 일본에 학술·기술 등 선진 문물을 제공하였고, 그 대신 일본은 백제에 군사적 지원을 하였던 것으로 보입니다.

왜 고구려 우씨 왕후는
두 번 왕후가 되었을까?

발기 왕자 vs 우씨 황후

　　고구려의 우씨 왕후는 고국천왕에 이어 산상왕 때까지 두 번이나 왕후의 자리에 오릅니다. 고구려의 독특한 결혼 풍습 때문에 가능한 일이었지요. 그런데 원고인 발기 왕자는 이런 풍습 때문에 두 번이나 왕후가 된 우씨 왕후에게 소송을 제기합니다. 원칙대로라면 자연스럽게 고구려의 왕위에 올라야 했던 발기 왕자가 우씨 왕후의 계략에 의해 왕이 되지 못하였다는 것이 그 이유입니다. 발기 왕자는 결국 반역자라는 오명을 쓰고 스스로 목숨을 끊었는데, 이 모든 것이 욕심 많은 우씨 왕후의 속임수 때문에 벌어진 일이라고 주장합니다. 우씨 왕후가 고국천왕의 유언을 조작하고 고구려의 전통을 훼손하며 두 번 왕후가 되었다는 것입니다.

원고 **발기 왕자**

(150년경 ~ 197년)
나는 고구려 9대 왕인 고국천왕의 동생입
니다. 형님인 고국천왕이 돌아가신 뒤에
왕위는 당연히 나의 차지가 되었어야 했지
만 형수였던 우씨 왕후 때문에 동생 연우
에게 왕위를 빼앗겼지요. 이 억울함을 풀
기 위해 재판을 열게 된 것입니다.

피고 **우씨 왕후**

(160년경 ~ 234년)
나는 고구려 9대 왕인 고국천왕의 부인이
자, 고국천왕의 동생이자 그의 뒤를 이어
왕이 된 산상왕의 부인입니다. 남편의 동
생과 결혼을 해서 두 번이나 왕후의 자리
에 오른 나를 비난하는 사람도 있지만, 형
이 죽은 뒤 동생이 형을 대신해 형수와 결
혼하는 형사취수혼은 고구려의 전통이었
답니다.

삼국 중 가장 먼저 나라의 모습을 갖춘 고구려는 태조왕 때부터 중앙 집권 국가로서의 모습을 갖추게 되었다.

중학교	역사(상)	II. 삼국의 성립과 발전 　1. 삼국의 성립 　　(1) 고구려가 먼저 나라의 모습을 갖추다
고등학교	한국사	I. 우리 역사의 형성과 고대 국가 　3. 삼국, 교류와 경쟁 속에서 발전하다 　　(1) 삼국, 중앙 집권적 고대 국가로 성장하다
		I. 우리 역사의 형성과 고대 국가 　3. 삼국, 교류와 경쟁 속에서 발전하다 　　(2) 삼국 간의 상호 항쟁이 본격화되다

2세기 후반 고국천왕은 체제 개혁을 추진하여 부족적 전통의 5부를 행정적인 5부로 개편하였다. 또한 형제 상속의 왕위 계승을 부자 상속으로 바꾸어 왕권을 강화하고자 하였다.

고구려를 포함한 삼국은 초기부터 주변의 작은 나라들에 대한 정복 활동을 활발하게 전개하였고, 이를 주도한 국왕의 권력이 점차 강화되었다. 그러나 국가 주요 운영 사항은 귀족회의를 통해 결정해 아직까지 국왕의 권력이 절대적인 것은 아님을 알 수 있다.

우씨 왕후가 살았던 고구려

주몽, 즉 동명성왕에 의해 나라가 세워진 고구려는 주몽의 아들인 유리왕에 의해 나라가 이어집니다. 유리왕은 선비족을 공격하고 수도를 졸본에서 국내성으로 옮기는 등 나라의 기틀을 잡기 위해 노력하지요. 유리왕 이후 3대 대무신왕, 4대 민중왕, 5대 모본왕, 6대 태조왕이 차례로 즉위를 합니다. 특히 태조왕 때는 동옥저를 공격해 고구려에 통합시키고, 한나라와의 여러 차례 전투에서도 승리를 거두는 등 강력한 국가의 모습을 보여 줍니다. 그리하여 1세기 무렵에는 고구려의 영토가 동북쪽으로는 지금의 연해주와 함경도 일대에 이르고, 서북쪽으로는 지금의 압록강 하류, 남쪽으로는 청천강 하류에까지 이릅니다.

오랜 기간 영토를 확장해 온 태조왕의 뒤를 이어, 8대 신대왕과 9대 고국천왕이 왕위를 이어 갑니다. 하지만 고구려에서는 내부 분열이 일어나게 됩니다. 임금과 귀족, 귀족과 귀족끼리 권력 투쟁이 생긴 것이지요.

이에 과감한 성격의 고국천왕은 귀족 세력을 제압하면서 귀족이 아닌 을파소를 최고 관직인 국상에 임명합니다. 을파소는 평민의 신분이었으나 고국천왕을 도와 어진 정치를 펴 나간 것으로 잘 알려져 있습니다. 을파소의 도움을 받아 가난한 사람을 돕는 진대법을 실시하는 등 나라의 안정을 위해 노력하던 고국천왕은 아들을 두지 못한 채 죽습니다.

그런데 고국천왕이 죽을 때 자신의 첫째 동생인 발기를 새 임금으로 삼으라고 일렀지만, 왕후인 우씨 왕후는 둘째 동생인 연우를 새 임금인 산상왕으로 추대하게 되지요. 이에 불만을 갖게 된 발기는 연우를 공격하려다가 뜻을 이루지 못하고 랴오둥(遼東)으로 달아나게 됩니다.

한 걸음 더! 역사 논술

〈역사공화국 한국사법정 6 왜 고구려 우씨 왕후는 두 번 왕후가 되었을까?〉와 관련한 논술 문제를 풀어 봅시다.

● **다음 제시문을 읽고 물음에 답하시오.**

(가) 고구려에서는 남녀 사이에 서로 의사가 맞고 사랑이 싹트면 혼인하기로 약속했습니다. 부모는 자식들의 결정에 반대하지 않고 동의해 주었는데, 혼인을 결정하면 남자 집에서는 돼지와 술을 신부 집에 보내는 것으로 할 일을 다했습니다. 폐백 따위의 예물을 신부네 집에서 받지 않았으며, 유교식의 복잡한 혼례도 하지 않았습니다.

혼인이 결정되면 신부 집에서는 집 뒤에 '서옥'이라는 작은 집을 지었는데, 이 집은 사위가 사는 집이었지요. 사위가 된 신랑은 날이 저물면 신부의 집 앞에서 무릎을 꿇고 절을 하며 자신을 받아들여 줄 것을 공손하게 빌었습니다. 세 차례 걸쳐 요청하며 마지 못한 척 받아들이는 순서를 밟았지요. 이후 서옥에 들어가서 신부와 함께 살며 데릴사위 노릇을 하였습니다. 그리고 신부가 아이를 낳게 되거나 장성하면 가족을 데리고 본가로 갔답니다.

(나) 고구려에는 '형사취수'라는 형이 죽으면 형수를 아내로 삼는 제도가 있었습니다. 여자는 과부가 되면 생활을 꾸리기가 쉽지 않아 시동생이 형수와 형의 아이들을 돌봐 준다는 의미에서 아내로 맞이했답니다. 그래서 고국천왕이 죽었을 때 우씨 왕후도 고국천왕의 아우였던 산상왕의 왕비가 되었지요.

1 (가)는 고구려 혼인 제도 중 '서옥'에 관한 내용이고, (나)는 '형사취수'에 관한 내용입니다. (가)와 (나)의 내용을 바탕으로 고구려 시대 여성의 사회적 지위와 가정적 지위에 대해 쓰시오.

● **다음 제시문을 읽고 물음에 답하시오.**

(가) 고구려는 건국 이후 쉬지 않고 정복 전쟁을 벌여 세력을 넓혀 나
갔지요. 그래서 크고 작은 여러 부족을 흡수한 끝에 '5부족 연맹
체'를 이루게 됩니다. 여기서 5부족 연맹체란 고구려를 형성하는
데 중심이 된 다섯 개의 씨족 집단을 말하며, 왕족을 포함한 다섯
개의 부족이 고구려를 이끌어 가는 주축이 된 것을 뜻합니다. 고
구려의 5부족에는 왕과 왕비를 배출하며 왕실을 이룬 계루부와
소노를 비롯하여 절노부, 순노부, 관노부가 있었습니다. 이들은
중요한 나랏일을 논의하고 결정하던 귀족들의 회의인 제가 회의
를 통해 나라의 중요한 일을 의논하고 결정하였으며, 고구려를 이
끄는 중심 세력으로 자리 잡습니다.

(나) 고구려의 5부족 체제는 고구려 제9대 왕인 고국천왕에 이르러 변
화를 겪습니다. 동·서·남·북·중의 '5부'로 바뀐 것이지요. 이것
은 부족 단위의 연합 국가 형태에서 중앙 집권적인 형태로 바뀌려
는 노력으로 볼 수 있습니다. 이는 이후 고구려를 형성하는 중요
한 밑바탕이 됩니다.

2 (가)는 고구려의 5부족 연맹체에 관한 내용이고, (나)는 고구려의 5부에 관한 내용입니다. 고구려가 나라의 기틀을 어떻게 잡게 되었는지 (가)와 (나)를 배경으로 쓰시오.

해답 1

고구려 때는 남녀의 교제와 혼인이 아주 자유로웠습니다. 남녀가 자연스럽게 어울려 대화를 나누기도 하고 혼인을 약속하기도 하였지요. 또한 이런 과정에서 남녀의 차별은 크게 존재하지 않았던 것으로 보입니다. 혼인의 과정에서도 딸을 둔 집에서 폐백 따위의 예물을 받지 않았는데 이는 "딸을 노예로 팔아먹는 것과 다름없다"고 하여 부끄럽게 여겼기 때문이지요. 그리고 '서옥'이라는 독특한 풍습이 있는 것처럼 고구려에서는 데릴사위가 보편화되어 있었습니다. 이는 여성들의 사회적 또는 가정적 지위를 반영하는 것이라 할 수 있습니다. 따라서 고구려 사회에서는 남녀 차별의 모습은 거의 보이지 않았던 것으로 볼 수 있습니다.

또한 (나)에서 알 수 있는 형사취수 제도를 보면 재혼을 하는 것에 있어서도 관대하였음을 알 수 있습니다. 그러나 우리나라에서 유교 문화가 생활 속에 자리 잡으면서 '형사취수' 제도가 사라졌습니다.

고구려 5부족은 고구려 건국 초기 연맹 국가 형성에 참여한 5개의 부족을 말합니다. 압록강의 지류인 동가강 유역에는 소노부·계루부·관노부·절노부·순노부의 5부족이 세력을 형성하고 있었는데, 이들이 결합하여 고구려를 형성했지요.

처음에는 소노부가 가장 우세하여 왕의 지위를 계승했으나, 점차 계루부가 강성하여 왕족을 이루게 됩니다. 특히 계루부는 6대 태조왕 때부터 강성하여 5부족을 이끄는 부족으로서 그 지위를 굳건히 해 갑니다. 그러다 세습적으로 왕의 지위를 계승하는 부족이 되었지요. 반면 소노부는 계루부에게 주도권을 빼앗기고 왕족의 지위에서 밀려났으나 다른 부족보다는 우위에 있었으며, 절노부도 왕족인 계루부와 혼인 관계를 맺으면서 왕비족으로 행세하게 됩니다.

하지만 이 부족들의 힘의 균형은 큰 변화를 맞습니다. 고구려가 점점 국가의 모습을 갖춰 감에 따라 국가를 다스리는 힘이 여러 지방으로 나누어져 있지 않고 중앙의 정부 한 곳으로 집중하는 중앙 집권이 시도되었기 때문입니다.

이 결과 고구려의 5부족은 국가를 형성한 다음에도 나름대로 독자적인 세력권을 유지하기는 하였으나, 고대 왕국으로서 중앙집권화가 강화되면서 고유의 명칭을 상실하고 각각 방위를 나타내는 명칭으로 바뀌게 되지요.

왜 신라에만 여왕이 있었을까?

비담 vs 선덕 여왕

　　한반도의 오랜 역사상 많은 나라가 생겼다 없어졌습니다. 이에 수많은 왕이 있었지요. 하지만 많은 나라 중에 여왕이 있었던 나라는 '신라' 단 하나밖에 없습니다. 특히 선덕 여왕은 최초의 여왕이기도 합니다. 그런데 선덕 여왕 때에 최고 높은 관직에 있던 비담이 반란을 일으켰습니다. 여왕이 왕위에 오른 것은 전쟁이 잦았던 당시의 정세에 적합하지 않다는 이유에서 말입니다. 이러한 비담의 소송에 따라 이 책에서는 진평왕이 왜 딸에게 왕위를 계승했는지, 비담과 염종이 왜 반란을 일으켰는지, 여왕들은 신라에 어떤 존재였는지 하나하나 짚어서 살펴봅니다.

원고 **비담**

(? ~ 647년)
나는 선덕 여왕 대에 상대등의 자리에 올랐던 비담이라고 합니다. 나는 선덕 여왕에 대항해 반란을 일으켰지요. 당시 상대등이라고 하면 신라 시대 최고의 관직이었습니다. 그런 내가 괜히 반란을 일으켰겠습니까? 그런데 후세 사람들이 '비담의 난'이니 뭐니 해서 나만 욕을 하는 것 같아 소송을 제기하게 되었습니다.

피고 **선덕 여왕**

(? ~ 647년)
나는 아버지 진평왕의 뒤를 이어 신라 제27대 왕이 된 선덕 여왕입니다. 진평왕이 아들이 없어 세상을 떠나자 신라 최초의 여왕으로 즉위를 하였지요. 원고인 비담은 내가 정치를 잘 못해서 난을 일으켰다고 하는데, 나야말로 억울합니다. 나는 재위 기간 동안 백성을 위해 구휼 사업에 힘썼고, 삼국 통일의 기틀을 다지기도 했답니다.

골품제는 각 지방의 부족장들을 그 세력의 크기에 따라 등급을 두어 중앙 귀족에 편입하는 과정에서 성립하였다. 왕족은 성골과 진골에 속하고 일반 귀족은 6두품 이하의 각 두품에 속하였다. 왕위는 처음에는 성골에서 차지하였으나 무열왕부터는 진골 출신이 왕이 되었다.

신라는 진한의 여러 나라 가운데 경주 평야에 있던 사로국에서 시작하였다. 신라는 여러 세력 집단이 연합하여 이루어진 나라였다. 신라는 중앙 집권 국가로 발전하는 과정에서 왕권을 강화하고 독특한 신분 제도인 골품제를 마련하여 통치 기반을 정비해 나갔다.

중학교	역사(상)	II. 삼국의 성립과 발전
		  1. 삼국의 성립
		    (3) 신라가 경주 분지에서 출발하다

고등학교	한국사	I. 우리 역사의 형성과 고대 국가
		  3. 삼국, 교류와 경쟁 속에서 발전하다
		    (4) 활발한 문화 교류를 통해 발전한 삼국

		I. 우리 역사의 형성과 고대 국가
		  3. 삼국, 교류와 경쟁 속에서 발전하다
		    (2) 삼국 간의 상호 항쟁이 본격화되다

지금은 터만 남아 있는 신라 황룡사에는 9층 목탑이 있었다. 『삼국유사』에 따르면 아비지는 선덕 여왕의 초청을 받고 공사를 시작했으나 백제가 망하는 꿈을 꾸고 중단하려다가 결국 백제의 운이 다했음을 깨닫고 탑을 계속 지었다고 한다.

삼국이 국왕 중심의 중앙 집권 체제를 확립하여 고대 국가 체제를 완성한 시기는 서로 차이가 있다. 신라는 6세기 법흥왕, 진흥왕 때가 여기에 해당된다.

선덕 여왕 당시 삼국 시대

4세기경 한반도에는 크고 작은 나라들이 있었습니다. 그런데 이 나라들이 고구려, 백제, 신라를 중심으로 통합되기 시작합니다. 고구려, 백제, 신라 삼국은 왕권을 강화해 왕위를 자신의 후손에게 물려주었을 뿐아니라 법을 강화하여 튼튼한 나라의 모습을 갖춰 나가게 됩니다. 이렇게 내실을 다지며 자리를 잡은 삼국은 영토를 확장하고 서로 견제하면서 힘의 균형을 맞추기도 하지요.

4세기경 백제가 전성기를 누리던 당시에 한강은 백제의 땅이었습니다. 그러다 5세기 고구려의 힘이 더욱 강건해져서 아래로 그 힘을 뻗어오자 한강은 고구려의 땅이 되었습니다. 그러다 6세기 진흥왕 때에는 신라가 한강으로 진출하기도 하지요. 금성, 즉 지금의 경주를 수도로 한 신라는 '골품제'라는 신분 제도와 '화백 회의'라는 귀족 대표자 회의를 지닌 나라였습니다. 그런데 이 신라에서 한국사 최초의 여왕이 탄생합니다. 바로 선덕 여왕이지요. 선덕 여왕은 진흥왕-진지왕-진평왕에 이어 신라 27대 왕에 오릅니다.

632년에 왕의 자리에 오른 선덕 여왕은 고아, 홀아비와 홀어미 등 어려운 처지에 놓인 사람들을 돕게 하여 민심을 위로하고, 분황사를 완성하는 등 나라 안을 튼튼히 하고자 합니다. 또한 당나라와의 관계도 강화하지요. 640년에는 귀족 자제들을 당나라에 유학을 보내고, 2년 뒤에는 당나라에 토산품을 바쳐 양국 관계를 돈독히 하는 등 나라 밖도 튼튼히 하고자 합니다.

이렇게 선덕 여왕이 당나라와 관계를 다질 수밖에 없었던 이유는 백제와 고구려에서 찾을 수 있습니다. 백제 의자왕이 대군을 이끌고 쳐들어와 서쪽 40여 개의 성을 빼앗는 등 이웃해 있는 백제, 고구려와의 전쟁이 끊이지 않았기 때문입니다. 이러한 백제 고구려와의 관계 속에서 신라는 크고 작은 전쟁을 치르며 당의 도움을 받기도 하고, 군사를 출정시켜 전투를 치르게 되지요.

이렇게 삼국은 당시 당나라였던 중국이나 왜와의 교류를 통해 많은 영향을 주고받기도 하고, 한강을 서로 번갈아 차지하며 엎치락뒤치락하며 성장하고 또 몰락하는 역사를 쓰게 됩니다.

● **다음 제시문을 읽고 물음에 답하시오.**

(가) 인도에는 카스트 제도라는 독특한 신분 제도가 있었습니다. 기원
전 1300년경에 성립된 이 제도는 신분에 따라 브라만(승려), 크샤
트리아(왕이나 귀족), 바이샤(상인), 수드라(일반 백성 및 천민) 등 4개
로 구분하였습니다. 심지어 최하층인 수드라에도 속하지 않는 불
가촉천민이 있었는데, 불가촉천민은 '이들과 닿기만 해도 부정해
진다'는 생각 때문에 이렇게 부르지요. 각 계급도 각각의 직업에
따라 세분화되었습니다. 1947년 카스트 제도가 법적으로 금지되
기는 했지만 여전히 차별이 존재하고 있는 것이 인도 사회의 현실
이기도 합니다. 신분이 다른 계급 간에는 혼인이 되지 않으며 이
름을 지을 때도 신분의 차이가 존재할 정도니까요.

(나) 신라 시대에는 골품 제도가 있었습니다. 이 제도는 개인의 혈통의 높고 낮음에 따라 정치적인 출세, 혼인, 집의 규모, 옷의 색 등 사회생활 전반에 걸쳐 여러 가지 특권과 제약이 가해지는 제도였습니다. 6세기 초는 이미 법제화되었으며, 신라의 삼국 통일을 거쳐 멸망에 이를 때까지 약 400년 동안 거의 변함없이 신라 사회를 규제하는 중요한 근본으로서 기능, 작용하였지요. 신라인의 사회 활동과 정치 활동은 골품에 따라 결정되었는데, 부모가 모두 왕족인 성골, 부모 둘 중 한 사람이 왕족인 진골은 최고 귀족이었습니다. 성골과 진골은 중요한 관직을 독점할 수 있었지요. 이후 6두품부터 1두품까지의 일반 귀족은 관직의 승진에도 한계가 있었습니다. 서로 다른 골품끼리는 혼인도 허락되지 않았고, 지을 수 있는 집의 크기도 차이가 있었습니다.

1 (가)는 인도의 카스트 제도에 대한 내용이고, (나)는 신라의 골품 제도에 대한 내용입니다. (가)와 (나)의 내용을 바탕으로 두 제도의 공통점과 차이점에 대해 쓰시오.

● **다음 제시문을 읽고 물음에 답하시오.**

(가) 엘리자베스 2세는 영국의 40번째 군주이며 8번째 여왕입니다. 1926년 윈저 왕가 조지 6세의 장녀로 런던에서 태어났으며, 제2차 세계 대전 당시는 스스로 영국 여자 국방군에 입대해 구호품을 전달하는 일을 하기도 했습니다. 엘리자베스 2세는 1947년 스물한 살에 필립공과 결혼한 뒤 큰아들 찰스 왕세자와 앤 공주를 낳았습니다. 이후 아버지가 돌아가시자 1952년 2월 6일 스물여섯의 나이에 왕위에 오릅니다. 왕위를 물려받은 뒤에 앤드류 왕자와 에드워드 왕자를 낳았지요.

반세기 이상 영국을 다스리고 있는 엘리자베스 2세는 "여왕은 경험과 위엄과 조용한 권위로 이 나라를 이끌어 왔다"는 평가를 받을 정도로 영국을 잘 다스려 왔으며 '마음의 여왕'으로 존경을 받고 있습니다.

(나) 핀란드에서는 2000년 2월 첫 여성 대통령이 탄생했습니다. 외무 장관을 지낸 타르야 할로넨이 전 총리를 누르고 6년 임기를 가진 대통령이 되었기 때문입니다. 여성의 공직 진출이 활발하기로 유명한 나라인 핀란드에서 첫 여성 대통령이 나온 것입니다. 2006년의 대통령 선거에서도 표를 얻어 재선을 하게 된 타르야 할로넨 대통령에게 한 학생이 "어떻게 하면 대통령이 될 수 있느냐?"라

고 질문을 했다고 합니다. 이 질문에 할로넨 대통령은 다음과 같이 대답했습니다.

"저는 대통령이 되는 것을 제 인생의 목표로 두지 않았습니다. 다만 정치인이 되고 싶었죠. 보다 나은 세상을 만드는 데 기여하고 싶었으니까요. 대통령이 되는 것을 삶의 목표로 두기보다는 먼저 평생 신뢰할 수 있는 친구들을 만나고 아무리 작은 일이라도 스스로 사회를 위해 할 수 있는 일이 무엇인지를 생각하고 실행하라고 일러주고 싶습니다."

2 (가)는 영국의 여왕에 관한 내용이고, (나)는 핀란드의 전 대통령에 관한 내용입니다. 두 여성 지도자의 이야기를 읽고 선덕 여왕이 왕권을 가진 것의 정당함을 지지하거나 비판하는 입장 중 하나를 골라 쓰시오.

논술
해답

해답 1

　인도의 카스트 제도와 신라의 골품제는 많은 공통점이 있습니다. 먼저 신분 제도가 대대로 세습된다는 점이 가장 큰 공통점입니다. 부모가 왕족이면 성골이 되는 신라의 골품제처럼 인도의 카스트 제도 역시 부모의 신분을 자식이 물려받게 됩니다. 또한 제도 자체의 엄격성이 닮은 부분입니다. 다른 계급의 사람과는 결혼을 할 수 없는 점 등 계급 간의 구분을 명확히 한 점에서 공통점을 찾을 수 있습니다.

　하지만 인도의 카스트 제도와 신라의 골품제는 차이점도 존재합니다. 우선 인도의 카스트 제도는 기본적으로 4개의 계급으로 신분을 나누고 있습니다. 브라만-크샤트리아-바이샤-수드라가 바로 그것입니다. 하지만 신라의 골품제는 성골-진골-6두품-5두품-4두품-3두품-2두품-1두품에 이르는 모두 8개의 신분 계급으로 나누어져 있습니다. 또한 인도의 카스트 제도에서는 승려인 브라만을 가장 높은 신분으로 구분한 반면,

신라의 골품제에서는 왕족인 성골을 가장 높은 신분으로 구분한 차이점이 있습니다.

엘리자베스 2세 여왕과 타르야 할로넨 대통령 모두 훌륭한 여성 지도자입니다. 항상 미소 띤 얼굴로 오랜 기간 영국을 조용히 다스려 온 엘리자베스 2세 여왕은 그런 의미에서 많은 칭송을 받고 있습니다. 또한 왕성한 활동을 하며 정치 활동에 열심이었던 타르야 할로넨 대통령 역시 핀란드의 첫 여성 대통령 임무에 최선을 다했습니다. 그래서 재선까지 될 수 있을 정도로 국민의 지지를 받기도 했지요. 이렇게 여성이 지도자가 되어 훌륭한 정치를 펼친 사례는 드물지 않게 찾을 수 있습니다.

이런 의미에서 선덕 여왕이 여성이라는 이유만으로 왕권을 갖는 것을 부당하다고 말해서는 안 됩니다. 여성과 남성의 차별 없이 왕권을 가질 자격이 되는지 안 되는지를 따지는 것이 우선이기 때문입니다. 그 왕권의 자격이 세습이건, 국민의 지지건 말이지요.

물론 선덕 여왕이 살았던 당시 신라가 이웃 나라인 백제와 고구려에 큰 위협을 받고 있었다는 점은 충분한 위험 요소가 될 수 있습니다. 하지만 엘리자베스 2세 여왕이 즉위 전에 제2차 세계 대전에서 중요한 역할을 했다는 점과, 다양한 활동을 펼친 타르야 할로넨 대통령의 모습을 보면 '여성이라서' '여성이기 때문에' 못할 것은 아니라고 생각합니다.

08

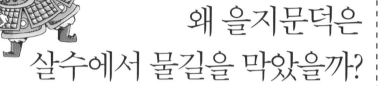

왜 을지문덕은
살수에서 물길을 막았을까?

수양제 vs 을지문덕

　　수나라의 제2대 황제인 수양제는 북방 세력과 균형을 유지하고 있던 고구려를 공격합니다. 하지만 을지문덕이 살수에서 수나라 군대를 공격하여 큰 승리를 거두지요. 몇 년 지나지 않아 수나라는 멸망하고 맙니다. 이에 수양제는 전쟁을 일으키고 그 여파로 나라까지 멸망시켰다는 자신의 오명을 벗기 위해 고구려 을지문덕 장군에게 소송을 겁니다. 북방 세력을 조종하는 고구려를 공격할 수밖에 없었다는 것입니다. 이러한 수양제의 주장에 따라 재판 첫째 날에는 수나라가 왜 고구려를 공격했는지 알아보고, 둘째 날에는 고구려는 왜 수나라와 맞서 싸웠는지 살펴봅니다. 그리고 재판 마지막 날인 셋째 날에는 수양제가 을지문덕에게 소송을 제기한 이유에 대해 되짚어 보며 당시 역사를 돌아봅니다.

원고 **수양제**

(569년 ~ 618년)

나는 중국 수나라 제2대 황제로 이름은 양광입니다. 사람들은 나를 고구려를 침략한 나쁜 사람으로 알고 있는데, 통치를 위해서는 어쩔 수 없었습니다. 수나라를 지키기 위해서 전쟁도 필요했으니까요. 결국 세 차례나 고구려를 침입하였지만 패하여 돌아갔으니 나에게는 별 이익도 없었던 전쟁이었는데 이렇게 욕을 먹으니 억울해서 살 수가 없습니다.

피고 **을지문덕**

(? ~ ?)

나는 고구려의 장군입니다. 수나라 군대가 고구려를 침범하자 적진에 가서 정탐을 하고, 후퇴 작전을 이용하여 적군을 지치게 만들었습니다. 이후 거짓 항복을 하여 후퇴하는 수나라 군대를 살수에서 공격하여 큰 승리를 거두었지요. 이것이 그 유명한 '살수대첩'입니다. 이러한 나의 전략과 행동은 장군으로서 나라를 지키기 위해 당연한 것이었습니다.

수양제는 612년 직접 113만 대군을 동원하여 고구려를 침공하였다. 랴오둥성의 함락이 힘들자 30만 명의 별동대로 하여금 평양성을 치게 하였다. 이를 전멸시킨 싸움이 바로 '살수대첩'이다.

삼국은 중국과 평화적인 교섭을 벌이기도 하고, 맞서서 싸우기도 하였다. 중국이 수에 의해 통일되자 위협을 느낀 고구려는 같은 처지의 유목 민족인 돌궐과 연합하여 수에 대항하였다.

중학교	역사(상)	Ⅲ. 통일 신라와 발해 　1. 신라의 삼국 통일 　　(1) 고구려가 수·당의 침략을 막아 내다
고등학교	한국사	Ⅰ. 우리 역사의 형성과 고대 국가 　3. 삼국, 교류와 경쟁 속에서 발전하다 　　(3) 삼국 간의 항쟁, 최후의 승자는 신라

수와 당은 자신들이 동북아시아의 패권을 차지하는 데 고구려가 걸림돌이 된다고 생각하여 전쟁을 일으켰다. 고구려는 수와 당과의 전쟁에서 승리하여 민족의 방파제 역할을 하였다.

고구려의 힘과 정신

고구려는 남쪽으로는 백제와 신라와 닿아 있고, 북쪽으로는 거란과 부여 등과 접해 있는 나라였습니다. 이렇게 여러 나라와 닿아 있는 만큼 분쟁도 많았고, 전쟁도 잦았지요. 하지만 고구려는 강인하였습니다. 여러 나라에 둘러싸여 있어서 이들과의 다툼 속에서 살아남기 위해서는 강해질 수밖에 없었기 때문입니다.

강인한 고구려의 힘은 어디서 나올 수 있었던 걸까요? 바로 그들의 정신에서 찾을 수 있답니다. 고구려 사람들은 그들 스스로 고조선의 후손이라고 생각하였고, 중국의 한나라에 빼앗겼던 고조선의 땅을 되찾기 위해 노력하였지요. 그 결과 광개토 대왕과 장수왕 때는 고조선의 영토를 거의 되찾기도 하였습니다. 또한 고구려 사람들은 늘 무예를 중요시여겨 말타기와 활쏘기 훈련을 게을리하지 않았답니다. 그 결과 고구려는 강한 군사력을 가질 수 있었지요.

이렇게 강인한 정신력과 군사력으로 무장한 고구려였지만 큰 시련을 피할 수는 없었습니다. 6세기 말, 고구려에서는 왕위 계승 문제를 놓고 귀족들 간에 치열한 다툼이 벌어졌기 때문입니다. 이렇게 고구려가 혼란에 빠지자 중국의 수나라 문제는 중국 대륙을 통일한 기세를 몰아 고구려 정벌에 나서지요. 이에 고구려는 수나라 군대에 맞서 용감하게 싸웠습니다. 그 이후에도 고구려를 노리는 수나라의 야심은 멈출 줄 몰랐습니다.

612년 1월, 문제의 뒤를 이은 수나라의 양제는 113만 대군을 이끌고 고구려를 침략했습니다. 군사들의 수가 많아 수나라를 출발하는 데만 40일이 걸렸을 정도라고 전해지지요. 수나라 양제는 선왕인 문제가 이루지 못한 고구려 정벌의 꿈을 이루기 위해 랴오둥성을 공격합니다. 하지만 랴오둥성의 철벽 수비에 수나라 군대는 초조해지기 시작했지요. 결국 양제는 우중문으로 하여금 30만 명의 별동대를 구성하여 평양성으로 직접 진격할 것을 명했습니다. 하지만 을지문덕의 유인 전술과 거짓 패배에 말려든 수나라 군사는 금방 지치고 말았지요. 수나라의 장군인 우중문은 결국 고구려에서 군사를 철수시키기로 결정하게 됩니다.

고구려에서 철수한 수나라 군사들은 오늘날의 청천강인 살수강을 건너 되돌아가고 있었습니다. 을지문덕은 바로 이때를 노려 강둑을 터뜨렸고, 이로써 수나라 군대를 크게 무찌를 수 있었습니다. 이 전투가 바로 '살수대첩'입니다. 이때 살아 돌아간 수나라 병사가 고작 2700명에 불과할 정도라고 하니 수나라의 피해가 얼마나 컸는지 잘 알 수 있지요.

● **다음 제시문을 읽고 물음에 답하시오.**

(가) 신묘한 계책은 하늘 이치를 꿰뚫어 볼 만하고

　　오묘한 전술은 땅의 이치를 모두 알겠구려.

　　싸움에 이겨 공로 이미 높았으니

　　만족을 알고 그만 돌아가시구려.

　　　　　　　　　　　　　　　　　- 을지문덕이 우중문에게 보낸 시 -

(나) 장군께서 군사를 돌리신다면 우리 임금을 모시고 행재소를 찾아

　　가 황제를 뵈옵겠나이다.

　　　　　　　　　　　　　　　　　- 을지문덕이 우문술에게 보낸 편지 -

1 (가)는 을지문덕이 유인 전술로 수나라 군사들을 지치게 만드는 데 성공했다고 판단하여 수나라 사령관인 우중문에게 보낸 시입니다. 그리고 (나)는 수나라 부사령관 격인 우문술에게 보낸 편지입니다. (가)와 (나)를 보고 수나라 대군을 맞서 을지문덕이 세운 작전과 전략에 대해 쓰시오.

● **다음 제시문을 읽고 물음에 답하시오.**

(가) 산이 많았던 고구려에서는 질이 좋은 철이 많이 생산되었습니다. 또한 철을 다루는 기술 또한 발달하였지요. 이렇게 좋은 철과 좋은 기술로 다른 나라보다 뛰어난 무기를 만들 수 있었습니다. 특히 고구려의 개마무사는 고구려 군대의 자랑이기도 했지요. 개마무사는 철갑옷으로 얼굴과 손을 뺀 전부를 감싸고, 발에는 뾰족뾰족한 쇠막대를 박은 신발을 신었습니다. 그뿐만 아니라 말에게도 철로 된 가면을 씌우고 발목까지 내려오는 갑옷을 입혔지요. 이렇게 철갑옷을 입은 개마무사는 적의 활이나 칼이 무섭지 않았습니다.

(나)

2 (가)는 고구려의 개마무사에 관한 내용이고, (나)는 삼실총에 그려져 있는 벽화입니다. (가)와 (나)를 배경으로 고구려 군사의 특징에 대해 쓰시오.

해답 1

　113만이라는 대군을 끌고 온 수나라의 군대는 너무 강력했습니다. 수적으로 상대를 쓸어버리기에 충분하였지요. 하지만 고구려 군사는 수나라의 대군과 맞서 목숨을 걸고 싸울 수 있었습니다. 이때 당시 압록강 쪽을 지키고 있던 장수는 을지문덕이었습니다. 수나라의 장수 우중문과 우문술은 압록강 입구에 10만 명의 군사를 두고 고구려 군대의 움직임을 살폈습니다. 수에서 밀릴 수밖에 없었던 을지문덕은 적군이 교만한 마음을 갖고 아군을 깔보게 하여 전쟁에서 유리한 위치를 차지하는 '교병계'를 쓰기로 했습니다. 그래서 우중문에게 거짓 항복을 하기도 하고, 압록강 강변에 있는 목책을 모조리 뽑아 적을 안심시키기도 하였죠.

　이러한 을지문덕의 전략에 수나라 군사는 고구려 군대를 얕보고 공격을 해 옵니다. 하지만 고구려 군대는 수나라 군사를 맞아 싸우는 척만 하고 달아나는 유인전을 펼쳐 수나라 군대를 지치게 만듭니다. 이렇게 지친 수나라 군대의 사령관인 우중문에게 보낸 시가 바로 (가)의 내용입니다. 조롱을 담은 시를 써 보내 화를 돋우는 전술을 쓴 것이지요.

곧이어 부사령관인 우문술에게는 (나)와 같은 편지를 보냅니다. 이 편지의 내용은 랴오둥에 머물고 있는 양제를 찾아가겠다는 것으로 항복한다는 의미이기도 합니다. 이렇게 우중문과 우문술에게 각각 다른 내용의 편지를 보낸 것은 두 장수를 멀어지게 하려는 고도의 심리 전략이었지요. 항복하겠다는 편지를 받은 우문술은 우중문을 달래 군사를 돌리게 됩니다. 돌아가는 수나라 군대를 기다리고 있던 것은 고구려의 복병들이었습니다. 이렇게 고구려의 을지문덕은 많은 수의 군대를 맞이하고서도 당황하지 않고 여러 가지 지략을 사용하여 슬기롭게 적을 물리칠 수 있었답니다.

해답 2

말머리에 가리개를 씌우고 말에 갑옷을 입힌 채 안장을 얹어 완전 무장한 말을 '개마'라고 하는데, 중국의 지린 성에 있는 삼실총에는 개마가 그려진 벽화를 찾아볼 수 있습니다. 고구려의 무사들은 투구와 갑옷으로 무장을 한 채 개마를 타고 전투에 나섰지요. 많은 나라의 군대가 걷는 것으로 이동하는 보병이 위주였던 것과 달리 고구려의 군대는 말을 타고 이동하는 기병이 우세했습니다. 이렇게 기병이 많으면 빠른 시간 내에 이동을 할 수도 있고, 적을 공격할 때도 유리하였지요. 또한 고구려에서 많이 나는 철을 이용하여 사람은 물론 말까지 갑옷을 입혀 적의 공격에도 충분히 방어를 할 수 있었답니다. 이렇게 기동력과 방어력을 갖춘 덕분에 고구려 군대는 최강이 될 수 있었습니다.

왜 연개소문은
영류왕을 배반했을까?

영류왕 vs 연개소문

역사학자 신채호는 연개소문에 대해 "한민족 4000년 역사에서 첫 번째로 꼽을 수 있는 영웅"이라고 극찬을 했습니다. 하지만 당시 고구려의 왕이었던 영류왕은 연개소문이 영웅이 아니라 고구려의 반역자라고 주장합니다. 연개소문은 임금인 영류왕과 신하들을 칼로 무참히 살해하고 정권을 장악했기 때문이지요. 이 책에서는 연개소문이 왜 왕을 죽이는 정변을 일으켰는지에 대해 살펴보고, 연개소문이 고구려를 정말 강하게 만들었는지에 대해 점검해 봅니다. 또한 고구려가 삼국을 통일하지 못하고 멸망한 이유를 살펴보며 연개소문에 대해 역사적으로 평가해 봅니다.

원고 **영류왕**

(? ~ 642년)

나는 고구려의 제27대 왕인 영류왕입니다. 동북쪽의 부여성으로부터 동남쪽 바다에 이르는 천리장성을 축조하는 등 고구려를 지키기 위해 최선을 다했습니다. 그런데 믿었던 연개소문에게 억울하게 죽임을 당하고 말았습니다. 나의 한을 풀기 위해 소송을 제기하게 된 것이지요.

피고 **연개소문**

(? ~ 666년 또는 665년)

나는 고구려의 장군이자 영웅이었던 연개소문입니다. 거듭되는 당나라의 침략을 물리치고 고구려를 지켜 냈지요. 일부 사람들은 나를 가리켜 '고구려를 멸망으로 이끈 민족의 반역자'라고도 부른다는데, 정말 어이가 없는 일이 아닐 수 없습니다.

의자왕이 이끄는 백제가 멸망하자, 신라
와 당은 고구려에 대한 공격을 시작했다.
계속된 전쟁으로 국력이 약해진 데다가,
대막리지인 연개소문이 죽자 지도층 내
에서는 권력 다툼이 일어난 고구려는 결
국 멸망하게 된다.

중학교	역사(상)	Ⅱ. 통일 신라와 발해 　1. 신라의 삼국 통일 　　(2) 신라가 통일을 이룩하다
고등학교	한국사	Ⅰ. 우리 역사의 형성과 고대 국가 　3. 삼국, 교류와 경쟁 속에서 발전하다 　　(2) 삼국 간의 상호 항쟁이 본격화되다
		Ⅰ. 우리 역사의 형성과 고대 국가 　3. 삼국, 교류와 경쟁 속에서 발전하다 　　(3) 삼국 간의 항쟁, 최후의 승자는 신라

삼국이 국왕 중심의 중앙 집권 체제를
확립하고 나라의 모습을 완성해 나가
고 있었다. 이렇게 국왕 중심의 지배
이념을 확립한 것을 토대로 활발한 영
토 확장 전쟁을 벌이게 되었다.

신라와 당나라 사이에 연합군이 결성되
고, 이 연합군은 백제를 멸망시켰다. 이
후 고구려까지 공격하여 연개소문이 사
망한 뒤 지도층이 분열되어 갈팡질팡하
던 고구려를 멸망시켰다.

고구려와 당나라

고구려를 노려 계속 침입을 해 오던 수나라는 오랜 전쟁으로 국력이 쇠약해지더니 결국 618년에 멸망을 하고 맙니다. 하지만 고구려에게 가해지는 위협이 끝난 것은 아니었습니다. 수나라의 뒤를 이어 나라를 세운 당나라 역시 고구려의 영토를 욕심내었기 때문입니다. 이렇게 당나라가 나라를 세우고 세력을 키우던 당시 고구려의 영류왕과 여러 온건파 귀족들은 당나라와의 전쟁을 피해야 한다고 주장했습니다. 왜냐하면 수나라와의 오랜 전쟁으로 고구려의 국력도 많이 쇠약해졌기 때문이지요.

그러나 연개소문을 중심으로 하는 다른 귀족들은 당나라에 맞서 싸워야 한다고 주장했습니다. 특히 연개소문은 막강한 군사력을 바탕으로 세력을 키워 가고 있던 중이라, 영류왕은 크게 위협을 느낄 수밖에 없었습니다. 그래서 영류왕은 연개소문을 천리장성 공사의 책임자로 정해 멀리 내쫓으려 하였지요. 천리장성은 고구려가 당나라의 침입을 막기 위해 오늘날의 랴오둥 지방인 고구려의 서쪽 지역에 쌓은 긴 성을 말합니다.

하지만 연개소문은 영류왕의 결정에 찬성할 수 없었지요. 그래서 거짓 잔치를 벌이고, 잔치에 참석한 귀족들의 목숨을 빼앗고 궁궐로 가서 영류왕의 목숨까지 빼앗습니다. 그러고는 죽은 영류왕을 대신하여 영류왕의 조카를 왕위에 세웁니다. 이렇게 보장왕을 왕으로 세운 연개소문은 스스로 고구려 최고 관직인 대막리지 자리에 오릅니다. 왕도 두렵지 않은 무소불위의 권력을 차지하게 된 것이지요.

일이 이렇게 되자, 당나라에서는 고구려를 차지할 야심을 노골적으로 드러내며 '임금을 살해하고 정변을 일으킨 연개소문을 직접 벌할 목적'으로 고구려로 침공해 옵니다. 이는 고구려를 침공할 기회만을 노리고 있던 당나라에게 좋은 핑곗거리를 준 것이지요.

한 걸음 더! 역사 논술

〈역사공화국 한국사법정 9 왜 연개소문은 영류왕을 배반했을까?〉와 관련한 논술 문제를 풀어 봅시다.

● **다음 제시문을 읽고 물음에 답하시오.**

(가) 호우명 그릇(사진)은 경주의 호우총에서 발굴된 것입니다. 그릇 밑바닥에 '광개토지호태왕'이라는 글씨가 새겨져 있는 것이 특징입니다.

(나) 광개토왕 10년에 교서를 내리시어 보병과 기병 5만 명을 보내어 신라를 도와주게 하였다. 남거성부터 신라성까지 왜가 가득하더니 왕의 군대가 이르자 왜적이 도망갔다.

– 광개토 대왕릉비 중에서 –

1 (가)와 (나)를 보고 알 수 있는 삼국 시대 각 나라의 관계와 교류에 대해 쓰시오.

● 다음 제시문을 읽고 물음에 답하시오.

(가) 연개소문은 손님들이 오자 모두 죽이기를 100여 명이나 넘게 하고, 궁중으로 달려 들어가 왕(영류왕)을 시해하여 구렁텅이에 버리고, 왕제의 아들을 세워 왕으로 삼았습니다. 그리고 스스로 대막리지가 되니 그 벼슬이 당의 병부상서로서 중서령의 직을 겸한 것과 같았습니다. (중략) 당의 태종은 연개소문이 임금을 시해하고 국정을 좌지우지한다는 말을 듣고 정벌하려 하였는데, "연개소문이 스스로 죄가 큰 것을 알고 대국의 토벌을 두려워하여 수비를 베풀고 있습니다"라는 보고를 받게 됩니다.

― 『삼국사기』 중에서 ―

(나) 연개소문은 고구려 900년 이래로 계속되어 온 전통적인 구제도를 타파하여 정권을 통일하였고, 장수왕 이래 철석같이 굳어온 서수남진(서쪽을 지키고 아래쪽으로 뻗어 나감) 정책을 변경하여 남수서진(남쪽을 지키고 서쪽으로 뻗어 나감)의 정책을 세웠습니다. 그래서 국왕 이하 호족 수백 명을 죽여 자기의 독무대를 만들고 서국 제왕 당태종을 격파하고 대륙 침략을 시도했습니다.

― 『조선상고사』 중에서 ―

2 (가)는 김부식이 쓴『삼국사기』에 적힌 연개소문에 관한 내용이고, (나)는 신채호가 쓴『조선상고사』에 적힌 연개소문에 관한 내용입니다. (가)와 (나) 중 하나의 입장을 선택하여 연개소문을 비판하거나 옹호하는 글을 쓰시오.

해답 1

(가)는 신라 시대 무덤인 경주 호우총에서 발굴된 '호우명 그릇'이고, (나)는 '광개토 대왕릉비'의 내용 중 일부분입니다. 호우명 그릇에는 고구려의 왕인 광개토 대왕에 대한 내용이 적혀 있고, 광개토 대왕릉비에는 고구려 왕인 광개토 대왕이 신라를 도와주었다는 내용이 나와 있습니다. 이렇게 경주의 신라 무덤에서 호우명 그릇, 즉 '광개토왕명 호우'가 출토되는가 하면 가야 무덤에서 고구려의 대표적인 유물인 투구와 말 얼굴 가리개가 출토되는 것으로 보아 고구려가 새로운 문화를 이웃 나라인 신라, 가야, 백제 등에 적극적으로 전파한 것으로 알 수 있습니다. 이런 고구려의 문화와 유물은 통일 신라와 발해 등으로 이어지게 되지요. 또한 이러한 영향은 군사적인 부분에도 큰 연관이 있음을 (나)를 보아서 잘 알 수 있습니다.

연개소문에 대한 역사적 평가는 극과 극을 달립니다. (가)에서와 같이 김부식은 『삼국사기』에서 연개소문을 임금을 죽인 역적이며, 고구려의 멸망을 초래한 장본인으로 기록합니다. 반면, (나)와 같이 신채호는 『조선상고사』에서 위대한 혁명가로 연개소문을 평가하기도 하지요.

사실 연개소문의 역사적 선택은 옳은 것이 아니었다고 생각합니다. 당시 고구려는 수나라와 잦은 전쟁으로 국력이 많이 약해져 있는 상태였습니다. 그리고 백제, 신라와 계속 견제해야만 하는 상황이기도 했지요. 이런 상황에서 왕을 시해하여 왕권을 흔들리게 하는 행위는 바람직하지 않습니다. 흔들린 왕권으로 인해 연개소문이 죽고 난 뒤에 아들들 사이에서 내분이 일어나고 이 내분이 결국 고구려를 멸망에까지 이르게 하니까요.

10

왜 의자왕은
백제를 망하게 했을까?

의자왕 vs 김부식

 '백제 의자왕' 하면 '삼천 궁녀'를 떠올릴 정도로, 의자왕은 주색에 빠져 나라를 망친 폭군으로 지금까지 많은 비난을 받아 왔습니다. 하지만 더 이상 이런 비난을 참을 수 없었던 의자왕은 『삼국사기』를 편찬한 김부식에게 소송을 제기하고 나섰습니다. 『삼국사기』에 의자왕에 대해 나쁘게 기록되어 있기 때문이지요. 이에 피고인 김부식은 『삼국사기』의 기록이 허황된 이야기가 아니라고 반박을 합니다. 소송의 핵심이 '왜 의자왕은 백제를 망하게 했을까?'이고, 피고가 『삼국사기』를 편찬한 김부식인 만큼 『삼국사기』는 과연 승자의 기록인지, 백제 멸망의 책임이 모두 의자왕에게 있는지는 이 책에서 펼쳐지는 재판에서 판가름해 볼 수 있습니다.

원고 **의자왕**

(? ~ 660년)

나는 백제의 제31대 왕이자 마지막 왕인 의자왕입니다. 왕자 시절 별명이 해동 증자라 불릴 정도로 효성이 지극하고 머리가 총명했지요. 왕이 되고 나서는 직접 신라를 침공하고 신라와 당나라의 교통로이던 당항성을 빼앗기도 했습니다. 그런데 후세 사람들은 김부식이 쓴 『삼국사기』 때문에 나를 못난 왕으로 알고 있으니 답답할 뿐입니다.

피고 **김부식**

(1075년 ~ 1151년)

나는 고려 시대 학자인 김부식입니다. 나는 인종의 명을 받들어 『삼국사기』 편찬을 주도하였지요. 『삼국사기』는 삼국 시대의 역사를 다룬 책으로, 당시 남아 있던 기록을 토대로 작성된 것입니다. 따라서 전혀 있지도 않은 허황된 것을 다루지는 않았지요.

6세기 말 동북아시아의 국제 정세는 고구려, 백제, 왜, 돌궐을 연결하는 남북 세력과 신라, 수(당)를 연결하는 동서 세력 간 다툼의 양상을 띠었다. 백제의 의자왕이 즉위하면서 싸움이 보다 격렬해져 신라의 대야성을 비롯한 40여 개의 성을 빼앗았고, 신라에서 당으로 가는 교통로를 끊기 위해 고구려와 함께 당항성을 공격하였다. 하지만 당군과 연합한 신라군을 맞아 사비성이 함락되고 말았다.

한강 유역은 한반도의 중심에 위치하여 여러 지역의 문화가 합쳐지고 인구와 물자가 모이는 곳이다. 따라서 한강 유역을 차지한 나라가 삼국 간의 세력 다툼에서 주도권을 차지하였다. 백제는 한강을 중심으로 발전했지만 고구려에 한강 유역을 빼앗기고 점차 쇠퇴하였다.

중학교	역사(상)	III. 통일 신라와 발해 　1. 신라의 삼국 통일 　　(1) 고구려가 수·당의 침략을 막아 내다
		III. 통일 신라와 발해 　1. 신라의 삼국 통일 　　(2) 신라가 통일을 이룩하다
고등학교	한국사	I. 우리 역사의 형성과 고대 국가 　3. 삼국, 교류와 경쟁 속에서 발전하다 　　(3) 삼국 간의 항쟁, 최후의 승자는 신라

고구려와 수(당)의 치열한 대립이 전개되는 동안, 한강 유역을 차지한 신라는 백제의 공격으로 어려움에 처한다. 이에 당과 동맹을 맺었다. 당과 연합한 신라는 백제를 공격하고, 의자왕의 실정으로 충분한 대비를 못한 백제는 결국 사비성이 함락된다.

백제의 장군인 계백이 5000의 결사대와 함께 황산벌에서 끝까지 저항하였지만 백제의 멸망을 막지 못했다. 당나라와 연합한 신라는 뒤이어 고구려를 공격해 결국 평양성이 함락되고 고구려도 멸망했다.

7세기경의 백제와 의자왕

중국 춘추 시대의 유학자로 증자라는 인물이 있었습니다. 증자는 효를 중요하게 여겨서 많은 이의 존경을 받았지요. 무왕의 맏아들이었던 의자왕은 태자 시절부터 효성이 지극하고 우애가 깊어서 '해동 증자'란 별명으로 불리었습니다. '바다 동쪽의 증자'라는 뜻이지요. 의자왕 역시 자신의 아들 이름을 '효'라고 지을 정도로 '효도'를 중요하게 여기기도 했습니다. 왕위에 오른 의자왕은 10차례나 신라를 공격해 대야성을 함락시키기도 했습니다. 대야성은 경남 합천군 남부 지방에 있던 신라 때의 성으로 신라의 수도인 경주에서 멀지 않은 곳이었습니다. 이렇게 의자왕이 이끄는 백제는 신라를 공격해 40여 개의 성을 함락시키며 강한 국력을 보여 주기도 했습니다.

하지만 백제는 의자왕에서 다음 대로 이어지지 못하고 멸망을 하고 맙니다. 바로 예상치 못했던 나당 연합군의 빠른 공격을 받았기 때문입니다. 거듭되는 백제의 공격에 다급해진 신라가 당나라에 원조를 요청합니다. 당나라는 숙적 고구려를 멸망시키는 것이 목적이었으므로, 신라의 뜻대로 먼저 백제를 치는 것에 힘을 합치게 됩니다. 백제를 멸망시킨 다음 고구려를 공격하면 되었으니까요.

이렇게 신라와 당나라의 연합 공격을 받은 백제의 의자왕은 계백 장군에게 황산벌로 출정할 것을 명했습니다. 계백 장군은 5000명의 결사대를 데리고 5만 명에 이르는 신라군과 맞서 싸웠습니다. 계백은 월나라 구천이 단 5000명의 군사로 오나라의 70만 대군을 격파한 사례를 들어 군사들을 독려했습니다. 계백의 백제군은 신라군과 맞서 끝까지 저항을 했지만 결국 항복할 수밖에 없었습니다.

마침내 항복한 의자왕이 당나라의 소정방과 신라의 김춘추에게 술을 따르며 백제의 멸망을 선언하게 됩니다. 전쟁에서 승리한 소정방은 의자왕을 비롯하여 왕비 은고, 왕자 13명과 대신들, 그리고 1만 명이 넘는 백성들을 포로로 끌고 가 백제의 쓸쓸한 뒤안길을 장식하게 됩니다.

● **다음 제시문을 읽고 물음에 답하시오.**

(가) 신라는 거듭되는 백제의 공격을 받고 있었습니다. 백제의 의자왕
은 진흥왕 이래 묵은 원한을 갚고자 틈만 나면 신라를 공격했습니
다. 의자왕은 군사를 크게 일으켜 신라 서쪽 지방의 40여 성을 공
격하여 빼앗습니다. 이후 8월에는 다시 고구려와 공모하여 지금
경기도 화성군에 있는 당항성을 빼앗아 신라가 당으로 가는 길을
막고자 하였습니다. 또한 지금의 경상남도 합천에 위치한 대야성
을 공격하여 대야성을 지키던 김춘추의 딸과 사위가 죽음을 당했
습니다. 의자왕은 공세를 늦추지 않고 신라와 당의 교통로를 끊는
등 시종일관 적극적인 공격을 펼쳤습니다.

(나) 신라의 선덕 여왕은 고구려에 김춘추를 보내 군대의 파견을 요청 했습니다. 하지만 고구려의 연개소문은 고구려의 옛 땅인 죽령 서북 지역을 돌려주면 군대를 파견할 수 있다고 했습니다. 이를 김춘추가 거절하자 그를 포로로 잡습니다. 이렇듯 고구려와 신라의 관계가 악화되자 의자왕은 643년 고구려 보장왕에게 사신을 보내 고구려와 화친을 맺습니다. 의자왕의 목적은 신라가 당으로 갈 때 사용하던 항구인 당항성을 뺏기 위함이었습니다.

(다) 660년 7월 18일 지금의 공주 공산성에 피신해 있던 의자왕은 당 나라 군사에게 항복하게 됩니다. 사비성이 함락되고 의자왕이 피신을 한 지 불과 5일 만의 일이지요. 『삼국사기』의 '백제본기'에는 의자왕이 항복하는 상황을 "왕과 태자가 여러 성주와 함께 항복했다"라고 적혀 있습니다.

1 (가)와 (다)는 『삼국사기』에 나온 내용 중 일부이고, (나)는 당시 삼국의 상황에 대한 내용입니다. 이 글을 읽고 백제가 의자왕 당시에 멸망할 수밖에 없었던 이유에 대해 쓰시오.

● **다음 제시문을 읽고 물음에 답하시오.**

(가) 5000명의 백제군과 5만 명의 신라군은 황산벌에서 맞붙게 됩니다. 죽음을 각오한 백제군은 10배에 달하는 신라군에 맞서서도 조금의 물러섬이 없었습니다. 오히려 신라군과 네 번 싸워 네 번 다 이기는 성과를 거두게 됩니다. 당연히 신라군의 사기는 크게 떨어지게 됩니다. 이때 신라의 장군 김흠순이 아들 반굴을 불러 말합니다.

"신하의 도리는 충성을 다하는 것이고, 자식의 도리는 효를 다하는 것이다. 이런 위급한 상황에서 목숨을 던지는 것은 충과 효를 모두 이루는 것이다."

그러자 반굴은 아버지의 뜻을 알아채고 백제 진영으로 뛰어 들어가 용감히 싸우다 목숨을 잃게 됩니다.

(나) 신라의 김품일이라는 장군에게는 아직 어린 아들인 관창(645~660년)이 있었습니다. 황산벌 싸움에서 김품일 장군은 아들 관창에게 나라를 위해 싸울 것을 명했고, 관창은 백제 진영으로 달려듭니다. 하지만 너무 어린 관창을 본 백제의 계백 장군은 그를 살려 보냅니다. 하지만 관창은 다시 백제 진영으로 뛰어 들어가 싸우다 결국에는 목숨을 잃고 맙니다. 관창의 비장한 죽음에 감격한 신라군은 있는 힘을 다해 백제군을 공격했고, 계백 장군을 앞세운 백제군은 장렬히 전사하고 맙니다.

2 (가)는 황산벌 전투 중 반굴의 죽음에 관한 글이고, (나)는 관창의 죽음에 관한 글입니다. 전쟁에서 승리하기 위해 죽음에 뛰어든 두 명의 어린 목숨을 생각하며, 과연 이런 방법이 올바른 것인지 비판하거나 옹호하는 입장 중 하나를 선택하여 쓰시오.

해답 1

　백제의 의자왕은 한강을 빼앗기고 공격을 받았던 진흥왕 대의 일에 크게 원한을 품고 신라를 가장 큰 적으로 생각하였습니다. 그래서 고구려와 화친을 맺고 신라와 당이 교류를 하지 못하게 길을 차단하는 등 신라의 숨통을 조이는 것에 주저함이 없었지요. 백제의 패망 이유는 여기서 찾을 수 있습니다. 당시 백제-고구려-신라 삼국은 서로 견제하고 또 교류하며 힘의 균형을 유지하여 발전하고 있었습니다. 따라서 어느 한 나라가 크게 우세하여 다른 한 나라를 멸망시키지는 못하고 있었던 것입니다.

　그런데 의자왕이 신라를 주적으로 여기고 계속되는 공격을 퍼붓자 신라는 당나라에 손을 내밀게 됩니다. 당시 당나라는 고구려에 불만을 품고 있었기 때문에 신라를 도와 고구려와 손잡고 있는 백제를 치면 당연히 고구려도 타격을 입을 것이라고 여겼지요.

이렇게 힘의 균형을 무너뜨리려 했던 의자왕의 공격은 삼국의 위상에 큰 변화를 줄 수밖에 없었던 것입니다.

자식에게 스스로 목숨을 버리고 적진으로 뛰어들라고 말하는 것은 옳지 않다고 생각합니다. 물론 치열한 전쟁터라는 특수한 상황이지만, 다른 전략을 세우는 것을 좀 더 고민해 보는 것이 옳습니다. 생명은 어떤 것보다 귀하고 존중받아야 하는 것이기 때문에 어느 누구도 생명을 스스로 버리라고 명령할 수는 없습니다. 또한 아직 어린 반굴이나 관창을 전쟁의 선봉에 서게 하는 것은 부당하다고 생각합니다. 특히 관창의 경우 황산벌 전투 당시 열여섯에 불과한 나이였습니다. 아직 어린 나이라 경험이 부족하여 사리 분별이 명확하지 않았다고 볼 수 있습니다. 그런 관창에게 적진에 뛰어들어 싸우라고 등을 떠민 것은 죽음을 독려한 것 이상도 그 이하도 아닙니다.

왜 김춘추는 당나라와 손을 잡았을까?

의자왕 vs 김춘추

    백제의 마지막 임금인 의자왕이 신라의 태종 무열왕, 즉 김춘
추를 고소한 것으로 이 책의 내용은 시작합니다. 김춘추는 당나
라의 도움을 받아 한민족인 백제와 고구려를 망하게 하였으며,
결국은 고구려의 땅까지 잃게 했으니 벌을 받아야 한다는 것이
지요. 의자왕과 김춘추의 재판에서는 그동안 삼국 사이에 벌어
졌던 다툼과 전쟁이 모두 등장합니다. 신라와 고구려가 나제 동
맹을 맺고 함께 고구려와 맞서 싸우다가 신라가 백제를 배신한
일, 백제 의자왕이 신라를 공격하여 신라의 주요 성들을 빼앗은
일, 그리고 피고 김춘추가 왕이 되기 전에 고구려, 왜, 당나라를
돌아다니며 외교 활동을 펼친 일이 재판 과정에서 모두 등장하
지요.

원고 **의자왕**

(? ~ 660년)

나는 백제의 마지막 왕, 의자왕입니다. 나에 대한 오해는 여러 가지로 많지만, 오늘은 김춘추에 대해 얘기할 것이 있어 소송을 제기했습니다. 사람들은 김춘추를 삼국을 통일한 영웅이라 말하지만, 사실 당나라와 은밀히 연락을 하며 한민족인 고구려와 백제를 멸망시키는 데 앞장선 사람이기 때문이지요.

피고 **김춘추**

(604년 ~ 661년)

나는 신라 제29대 왕으로 태종 무열왕이라 부르지요. 나는 진지왕의 손자이며, 내 어머니는 진평왕의 딸 천명 부인입니다. 나는 고구려·백제·신라로 나누어져 있는 삼국을 통일해야 한다고 생각했습니다. 그래서 삼국을 통일하기 위해 갖은 노력을 게을리하지 않았지요.

6세기 말 동북아시아의 국제 정
세는 고구려, 백제, 왜, 돌궐을
연결하는 남북 세력과 신라, 수
(당)를 연결하는 동서 세력 간의
다툼의 양상을 띠었다.

백제와 신라의 싸움은 격렬해져 갔다. 이에
김춘추는 당에 구원을 청하기 위해 당으로
건너가 동맹을 맺고 백제와 고구려를 멸망
시킨 다음, 대동강 이북의 땅을 당에 넘겨준
다는 비밀 약속을 하였다.

중학교	역사(상)	III. 통일 신라와 발해 　　1. 신라의 삼국 통일 　　　(1) 고구려가 수·당의 협력을 막아 내다
		III. 통일 신라와 발해 　　1. 신라의 삼국 통일 　　　(2) 신라가 통일을 이룩하다
고등학교	한국사	I. 우리 역사의 형성과 고대 국가 　　3. 삼국, 교류와 경쟁 속에서 발전하다 　　　(3) 삼국 간의 항쟁, 최후의 승자는 신라

고구려가 수, 당과 치열하게 대립
하는 동안 신라는 백제의 맹렬한 공
격으로 어려움에 처한다. 이에 당과
동맹을 맺고자 하였고, 고구려를 견
제하던 당도 그 손을 잡게 되었다.

나·당 연합군은 먼저 백제를 공격하였고,
백제는 의자왕의 실정으로 충분한 대비를
못해 결국 사비성이 함락된다. 나·당 연합
군은 뒤이어 고구려를 공격하고, 연이은 전
쟁으로 국력이 약해진 데다 지도층이 분열
한 고구려도 함락시켰다.

김춘추와 삼국 통일

김춘추는 신라의 진골 귀족으로 진평왕의 딸인 천명 공주와 김용춘의 아들로 태어났습니다. 선덕 여왕의 조카이지요. 사실 김춘추의 아버지 쪽은 진지왕의 자손이고 어머니 쪽은 진평왕의 자손이므로 부계와 모계 모두 신라의 왕족인 성골 출신입니다. 하지만 통일신라 이후 부계만이 왕족인 진골 계열이 왕위를 계승하였으므로 상징적인 의미에서 김춘추를 진골의 시조로 간주하지요.

김춘추는 신라의 명장이었던 김유신의 처남이기도 합니다. 김춘추가 왕이 될 재목임을 내다본 김유신이 그에게 자신의 여동생을 시집보내고 가족의 연을 맺었기 때문이지요. 이렇게 김유신이 알아본 바대로 김춘추는 훗날 왕이 됩니다. 바로 진덕 여왕의 뒤를 이은 신라 29대 왕인 '태종 무열왕'이 김춘추이지요.

왕이 되기 전부터 김춘추는 외교 능력이 뛰어나 당나라, 고구려, 왜 등에 외교관으로 파견되기도 하였습니다. 특히 당나라와는 적극적인 외교 관계를 수립하였고, 당 태종으로부터 군사 지원을 약속받았지요.

이후 왕의 자리에 오른 김춘추, 즉 태종 무열왕이 즉위하면서 삼국 통일을 위한 준비는 더욱 빨라졌습니다. 660년, 김유신이 이끄는 5만 명의 대군은 당나라의 소정방이 이끄는 13만 대군과 함께 백제 정벌에 나섭니다. 백제의 사비성을 포위한 나·당 연합군은 곧 성을 함락시키고 의자왕으로부터 항복을 받아냅니다. 결국 백제는 660년 역사의 뒤안길로 사라지지요. 하지만 안타깝게도 김춘추는 신라의 통일을 보지 못합니다. 백제를 멸망시킨 이듬해인 661년 정벌군을 편성하던 중 병으로 사망하였기 때문입니다.

태종 무열왕의 뜻을 이어받은 나·당 연합군은 고구려의 평양성까지 포위하기에 이릅니다. 태종 무열왕의 뒤를 이은 문무왕은 김유신 장군과 함께 668년에 고구려를 무너뜨리고 삼국의 치열한 세력 경쟁에서 신라를 최후의 승자로 만들게 되지요.

● **다음 제시문을 읽고 물음에 답하시오.**

(가) 고구려가 멸망하여 발해가 되고 백제가 멸망하여 신라에 병합되
     었으니 이것은 세 나라가 합하여 두 나라가 된 시대이다.

(나) 발해가 멸망하자 압록강 서쪽의 토지
     가 거란, 몽고 등 다른 민족에게 넘어
     가서 우리 단군 조선의 옛 영토의 반을
     지금까지 900여 년 동안 잃어버렸다.
     아! 고려 태조가 우리나라를 통일하였
     다 하며, 조선 또한 우리나라를 통일하
     였다고 하나 이것은 반쪽짜리 통일이

단재 신채호

요, 전체적인 통일은 아니다.

(다) 다른 종족을 끌어들여 같은 종족을 멸망시키는 것은 도적을 불러들여 형제를 죽이는 것과 같다.

1 (가)~(다)는 신채호의 「독사신론」의 내용 중 일부입니다. 이 내용을 바탕으로 신라의 삼국 통일을 비판하여 쓰시오.

● 다음 제시문을 읽고 물음에 답하시오.

고구려는 신라보다 빠른 4~5세기 무렵에 국가의 틀이 잡혔습니다. 당시 한반도와 랴오둥 지방에는 고구려, 백제, 신라가 성장하며 힘겨루기를 하고 있었고, 중국에서는 위, 촉, 오의 삼국 시대, 남북조 시대로 이어지는 분열기를 거치고 수와 당으로 이어지는 통일제국 시대를 겪고 있었지요.

고구려는 17대 왕인 소수림

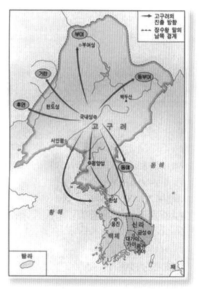

5세기 당시 고구려의 영토

왕과 고국양왕을 거치며 국력을 키웠습니다. 특히 광개토 대왕 시기에 활발한 정복 전쟁을 벌여 고구려의 영토를 넓히고 전성기를 맞게 되지요. 거란을 정벌하여 랴오둥 지방을 차지하고 백제를 공격해 아신왕의 항복까지 받아내게 됩니다. 그뿐만 아니라 신라와는 가까이 지내며 신라가 백제, 가야, 왜 연합군의 공격을 받자 군사를 보내 신라를 돕습니다.

당시 고구려는 북쪽으로는 만주 지역과 랴오둥 지방, 남쪽으로는 임진강과 한강 지역에 이르는 광대한 영토를 차지하게 됩니다.

2 위의 글과 5세기 당시 고구려의 영토를 나타낸 지도를 보고 삼국을 통일한 것이 신라가 아닌 고구려였다면 어떠했을지 상상하여 쓰시오.

해답 1

신라가 삼국을 통일하였습니다. 우리 민족 최초의 통일로 민족 전체를 하나로 만들어 주는 계기가 되었으며, 민족 문화가 발전할 수 있는 토대를 만들었지요. 하지만 신라의 삼국 통일에는 큰 문제점이 있었습니다. 외세인 당의 도움을 받아 이루어진 통일이라는 점이었지요. 같은 민족끼리 싸우는 전쟁에 외세를 끌어들인 것입니다. 그래서 결국 통일신라의 영토는 고구려 땅의 대부분을 제외한 대동강 이남 지역에 불과하였습니다. 불완전한 통일이었던 것이지요.

우선 고구려가 삼국을 통일했다면 통일된 영토가 통일신라보다는 훨씬 넓었을 것입니다. 랴오둥 지방은 물론 만주에 대한 영향력이 훨씬 커졌겠지요. 또한 당시 중국 대륙을 통일한 수·당과도 대등하게 힘을 겨루던 고구려였으므로, 고구려가 통일을 했다면 외세에 의존하지 않고 우리 힘으로 통일을 할 수 있었을 것입니다.

왜 장보고를
바다의 왕자라고 부를까?

장보고 vs 문성왕

　　바다의 왕자 장보고가 한국사법정에 소송을 제기했습니다.
상대는 다름 아닌 신라 제46대 문성왕입니다. 장보고는 문성왕
이 자신을 암살하기 위해 자객을 보냈고, 자신의 딸과 혼인을
하겠다는 약속을 지키지 않았다고 주장합니다. 하지만 문성왕
은 장보고에게 자객을 보낸 것도, 장보고의 딸과 혼인하는 것을
반대한 것도 모두 자신이 아니라 신라의 귀족들이었다고 반박
하지요. 장보고와 문성왕의 진실을 알기 위해서 재판 첫째 날에
는 장보고가 암살당한 이유에 대해서 알아보고, 재판 둘째 날에
는 장보고가 혁명을 꿈꾸었는지에 대해 살펴봅니다. 그리고 재
판 셋째 날에는 장보고의 청해진이 어떤 곳이었는지 살펴보며
역사에 대해 되짚어 봅니다.

원고 **장보고**

(? ~ 846년)

나는 당나라에 건너가 무령군소장이 되었으나 신라에서 잡혀간 사람들의 비참한 모습에 분노하여 신라로 돌아온 장보고입니다. 해적들의 인신매매를 없애기 위해 청해진을 설치하고 해적을 소탕하여 바다의 왕자가 되었지요. 나에게 도움을 요청하는 우징을 도와 신무왕으로 즉위시키는 등 도움을 주었지만, 그의 아들 문성왕이 보낸 자객 염장에 의해 살해되고 말았답니다.

피고 **문성왕**

(? ~ 857년)

나는 신라 제46대 왕으로 신무왕의 아들입니다. 내가 왕위에 올랐을 당시는 왕위를 둘러싼 귀족들의 다툼이 심하던 시기였지요. 특히 청해진의 장보고가 자기 딸을 왕비로 삼게 하려다가 실패한 데 대한 보복으로 반란을 일으켰답니다. 왕권을 안정화시키기 위해서 장보고를 없앨 수밖에 없었지요.

통일 신라는 8세기 후반부터 귀족들의 권력 다툼에 휘말리게 된다. 왕과 귀족 사이, 귀족들끼리 싸움이 자주 일어났지만 국가는 이를 통제할 수 없었다. 지방에서도 반란이 이어졌다. 9세기 전반에는 웅주(공주) 도독 김헌창이 반란을 일으켰고, 청해진을 지키던 장보고도 중앙 정부에 반기를 들었다.

'바다의 왕자'로 불리던 장보고는 완도에 청해진을 설치하고 해외 무역을 펼쳐 이름을 크게 떨친다. 무역을 통해 부와 명성을 얻었지만 왕권 다툼에 간여하여 신무왕이 왕위에 오르도록 영향력을 행사하기도 하였다.

중학교	역사(상)	III. 통일 신라와 발해
		  2. 신라의 동요와 후삼국의 성립
		    (3) 신라 사회가 흔들리다

고등학교	한국사	I. 우리 역사의 형성과 고대 국가
		  4. 남북국으로 나뉘어 발전하다
		    (3) 남북국, 활발한 국제 교류를 통해 발전하다

통일 후 신라는 안정을 누리며 활발한 대외 교류를 전개하였다. 주요 국제항으로는 울산항, 당항성, 강주 등이 있었다. 당은 당저우에 발해관, 신라관을 설치하고 발해, 신라의 사신들이 이용하게 하였다.

통일 신라는 당항성을 통해 당과 자주 왕래하여 산둥 반도에는 신라방과 신라촌이 있었다. 한편 9세기에 장보고는 지금의 완도에 청해진을 설치하고, 해적을 소탕하였다. 이로써 장보고는 당-신라-일본을 잇는 동아시아의 교통과 무역을 장악하게 된다.

장보고와 통일 신라 시대의 해상 활동

나·당 연합을 맺어 백제와 고구려를 치는 데 손을 맞잡은 신라와 당나라는 삼국 통일 과정에서 서로 관계가 껄끄러워졌습니다. 하지만 735년부터는 다시 바다를 통해 교류를 활발히 펼쳐 나갑니다. 신라에

적산 '법화원'의 장보고 동상

서는 당나라로 유학생을 보내고 승려나 상인들도 왕래를 하면서 교역의 물꼬를 트기 시작하지요. 그러다 828년 장보고가 지금의 완도 지역에 청해진을 설치함으로써 신라인의 해외 진출과 민간 무역은 본격적으로 활발해지게 됩니다.

당시 장보고의 세력은 굉장했습니다. '해상왕'이라는 호칭답게 바다의 질서를 어지럽히던 중국 해적을 물리치고 일본과의 무역을 독차지하

고 중국과의 무역을 거머쥔 상태라 가히 '왕'이라 불릴 만했지요. 그래서 장보고는 당나라 산둥 반도에 '법화원'이라는 신라인의 불교 사찰을 세우기도 했습니다.

하지만 장보고가 처음부터 이렇게 바다의 왕으로 군림할 수 있었던 것은 아니었습니다. 골품제가 뚜렷한 신라에서 낮은 신분으로 태어났던 장보고(어렸을 적 이름은 궁복)는 일찍이 당나라로 건너가게 됩니다. 그리고 특유의 기개와 노력으로 그곳에서 군대의 소장 자리까지 오르게 됩니다. 하지만 중국 해적에게 붙잡혀 와서 고생을 하고 있는 신라 동포들의 모습을 보고 울분을 참지 못하지요. 곧바로 신라로 돌아와 왕에게 해적들의 만행을 보고합니다. 그리고 청해(지금의 완도)에 해적을 막을 수 있는 수군 기지를 만들 것을 요청합니다. 왕은 기꺼이 장보고의 청을 받아들여 장보고를 청해진 대사로 임명합니다.

장보고는 군사 1만 명을 이끌고 중국과 일본 바다의 중심이 되는 청해에 진을 설치하고 수군 기지를 만듭니다. 청해는 신라와 일본을 연결하는 뱃길의 중심이 되는 곳이었지요. 청해진에 자리를 잡은 장보고는 수군을 정비하고 힘을 기릅니다. 군사력을 바탕으로 무역권까지 장악할 수 있게 된 것이지요.

당시 우리나라의 수출품으로는 인삼이나 금, 은으로 만든 물건이 많았고, 수입품으로는 비단이나 옷과 같은 물건이 많았습니다. 통일 신라는 일본에는 회역사를, 당나라에는 견당매물사라는 무역 사절단을 보내 이웃한 두 나라와 활발한 무역을 펼쳤습니다.

● **다음 제시문을 읽고 물음에 답하시오.**

(가) 장보고와 정년은 모두 신라 사람이나 그들의 고향과 선조는 알
    수 없다. 두 사람이 모두 싸움을 잘하였는데…… . 두 사람이 모두
    당에 가서 무녕군소장이 되어 말을 타고 창을 쓰는 데 대적할 자
    가 없었다. (중략)

    "중국의 어디를 가나 우리 사람들을 노비로 삼고 있습니다. 청
    해에 진영을 설치하여 해적들이 사람들을 괴롭히고 서쪽으로 가
    지 못하게 하기 바라나이다" 하였다. (중략)

    왕은 장보고를 불러 재상으로 삼고, 정년으로 하여금 장보고를
    대신하여 청해를 지키게 하였다.

(나) 1993년에 제작된 한국 최초의 잠수함의 이름은 장보고함입니다. 독일에서 제작된 것으로 9세기 무렵 해상왕이라 불렸던 신라 장군의 이름을 땄습니다.

1 (가)는 김부식의 『삼국사기』 권 제 44 「열전」 제 4 '장보고' 내용 중 일부이고, (나)는 장보고함에 대한 내용입니다. 이 내용을 바탕으로 당시 사람들이 장보고를 어떻게 평가하였는지 쓰시오.

● **다음 제시문을 읽고 물음에 답하시오.**

(가) 고선지는 고구려 유민 출신의 당나라 장수입니다.『신당서』에 따르면 고선지의 외모는 무장과는 거리가 있었던 것으로 보입니다. 하지만 활을 쏘고 말을 탈 때는 유약해 보이는 외모와 달리 강인한 모습을 보였다고 전해집니다. 스무 살 무렵 아버지를 따라 안서군으로 간 고선지는, 안녹산의 난에서 토벌군을 이끌고 수도인 장안을 지켰습니다. 그러다 전투 중 모함을 받아 참형을 당하였지요.

(나) 윤관은 고려의 명신이자 명장으로 별무반이라는 군대를 만들어 9성을 쌓고 우리나라를 호시탐탐 노리던 여진을 평정한 인물입니다. 개국 공신의 후예였던 윤관은 과거에 급제한 뒤 1107년에 여진을 정벌합니다. 육군과 수군으로 나누어 여진을 공격하여 격파할 수 있었지요. 하지만 윤관은 신하들의 모함을 받고 결국 관직까지 박탈당하게 됩니다.

(다) 이순신은 조선 시대의 명장으로 임진왜란 때 삼도수군통제사로 바다를 지킨 장군입니다. 당시 조선은 왜군을 맞아 제대로 된 싸움 한 번 못 해 보고 20여 일 만에 수도가 함락되는 수모를 겪었습니다. 이때 이순신은 바다에서 뛰어난 전략과 전술로 옥포 대첩,

부산포 해전, 명량 대첩, 노량 해전 등을 승리로 이끕니다. 임진왜란의 마지막 해전인 노량 해전에서 이순신은 왜군의 총탄에 맞고 숨을 거두게 되지요.

2 (가)~(다)의 인물 중 장보고와 가장 비슷하다고 생각하는 인물을 골라 그 이유와 함께 쓰시오.

해답 1

『삼국사기』를 쓴 김부식은 고려 시대 사람입니다. 통일 신라 이후의 왕조를 살고 있던 사람이지요. 따라서 김부식은 장보고를 좀 더 객관적으로 볼 수 있었을 것입니다. 그래서 장보고의 진취적이고 호전적인 성격을 긍정적으로 평가하였지요.

(나)는 장보고함에 대한 내용입니다. 우리 해군은 장보고함을 보유하기 전에는 소형 잠수정만을 보유하였습니다. 그러다가 장보고함을 보유함으로써 본격적인 잠수함 시대를 연 것이지요. 장보고함은 최초로 사람의 이름을 사용한 군함이기도 합니다. 이후 광개토 대왕함, 충무공 이순신함 등이 나오게 됩니다. 우리나라 역사상 최고의 해상왕으로 일컬어지는 장보고의 이름을 잠수함에 붙이면서 당시의 영광을 긍정적으로 평가한 것입니다.

　고구려 유민 출신으로 당나라 장수가 되었던 고선지처럼 장보고도 신라인으로 중국으로 건너가 장수를 지냈습니다. 그리고 또한 고려의 장수였던 윤관처럼 장보고도 나라를 위해 외적을 막아 냈습니다. 그뿐만 아니라 조선 시대 삼도수군통제사로 바다를 지킨 이순신처럼 장보고도 바다를 지켰지요. 이처럼 (가)~(다)의 모든 인물이 장보고와 비슷한 점을 갖고 있습니다.

　하지만 그중에서도 가장 비슷한 인물은 (다)의 이순신 장군일 것입니다. 첫 번째로 외적을 막아 냈다는 점이 비슷하고, 두 번째로 바다를 지켰다는 점이 비슷합니다. 그리고 세 번째로는 안타깝게도 천수를 누리지 못했다는 점이 닮아 있습니다.

왜 발해 무왕은
당나라를 공격했을까?

대문예 vs 무왕

　대조영이 세운 나라인 발해는 '해동성국'이라고 불릴 만큼 강하고 발전한 나라였습니다. 발해의 제2대 왕인 무왕은 당나라를 공격하기도 하였지요. 하지만 무왕의 동생인 대문예는 이러한 무왕의 정책을 온몸으로 반대한 인물이었습니다. 이 책은 대문예가 형인 무왕을 고소하는 것에서 시작합니다. 대문예는 당시 발해의 국력으로 당나라와 맞서는 것은 무리였으며, 백성을 위하는 일이 아니었다고 주장하지요. 하지만 피고인 무왕은 발해가 흑수말갈과 당나라를 공격함으로써 당나라와 여러 말갈족에게 발해가 강한 나라라는 것을 보여 주었고, 그 결과 발해가 더 발전할 수 있었다고 반박합니다.

원고 대문예

(? ~ ?)

나 대문예에 대해서는 잘 알려져 있지는 않지만, 대조영의 아들이자 발해 무왕의 동생입니다. 당나라가 발해를 침공할 것이라 생각한 무왕에게 당과 친한 흑수말갈을 치라는 명을 받습니다. 하지만 당나라의 정세에 밝았던 나는 당과 싸웠다가 망할 것이라 생각해 이를 만류하였지요. 하지만 형인 무왕은 크게 노해 나를 죽이려고 하였습니다.

피고 무왕

(? ~ 737년)

나는 발해의 제2대 국왕으로 아버지 대조영의 뒤를 이어 영토를 크게 넓히는 등 발해의 기틀을 튼튼하게 하였습니다. 그러던 중 당나라가 발해를 견제하고자 하는 것을 눈치채고 선제 공격을 하려고 하였지요. 하지만 내 동생인 대문예는 이를 반대하다 결국은 당나라에 망명하기까지 하였으니 답답한 노릇입니다.

일본의 『유취국사』에 따르면 발해의 백성은 말갈인과 원주민으로 구성되어 있다고 하였다. 원주민은 옛 고구려인을 말한 것으로, 지방 행정에 있어서 상위직은 대부분 고구려인이 차지하였다.

발해의 주민은 주로 고구려인과 말갈인이었다. 발해의 건국으로 우리 역사는 통일 신라와 발해가 양립하는 남북국의 형세를 이루게 되었다. 당시 중국에서는 발해를 '동쪽의 융성한 나라'라는 뜻에서 '해동성국'이라고 불렀다.

중학교	역사(상)	III. 통일 신라와 발해 2. 통일 신라와 발해의 발전 (2) 발해가 융성해 해동성국으로 불리다
고등학교	한국사	I. 우리 역사의 형성과 고대 국가 4. 남북국으로 나뉘어 발전하다 (2) 발해의 건국과 발전

고구려 멸망 이후, 고구려 장군 출신 대조영은 698년 동모산에서 발해를 건국한다. 발해는 8세기 초 일본에 "우리는 고구려의 옛 땅을 수복하고 부여의 전통을 이어받았다"는 내용의 국서를 보냈다.

10세기 초 동아시아에서 당이 멸망하고 거란이 요를 건국하였다. 요는 발해를 공격하였고 결국 926년에 발해는 멸망하고 말았다. 발해의 부흥 운동은 발해 유민들에 의해 계속되었으나 결국 성공하지 못하고, 많은 고구려계 유민들은 고려에 망명하였다.

발해의 대무예와 대문예

신라와 나·당 연합을 맺어 고구려를 멸망시킨 당나라는 고구려 유민 2만 8000여 가호를 중국 땅으로 강제 이주시킵니다. 이때 랴오시(遼西) 지방의 영주로 옮겨 가야만 했던 대조영은 거란인이 영주 도독의 통치에 불만을 품고 반란을 일으킨 틈을 타서 영주를 빠져나옵니다.

고구려 유민, 말갈인과 함께 영주를 빠져나온 대조영은 만주 동부 지역으로 이동하여 698년 길림성 동모산 기슭에 나라를 세웁니다. 당나라도 이미 자리를 잡은 발해를 인정할 수밖에 없었지요.

이후 대조영이 죽은 뒤 첫째 아들인 대무예가 아버지의 뒤를 이어 2대 무왕으로 즉위합니다. 무왕은 영토 확장에 힘을 기울여 북동쪽에 있는 여러 종족을 정복하여 발해의 세력을 키워 나가지요. 이런 무왕을 위협적으로 느낀 흑수말갈은 당나라에 보호를 요청합니다.

한편 흑수말갈의 소식을 들은 무왕은 이 기회에 흑수말갈을 정복하려

고 마음을 먹습니다. 그래서 동생인 대문예에게 군대를 이끌고 흑수말
갈을 공격하도록 하였지요. 무왕의 동생이었던 대문예는 발해 건국 초
당에 인질로 끌려가 8년간 그곳에 머물면서 누구보다 당의 정세에 능통
한 인물이었습니다. 그래서 대문예라면 당의 정세를 파악하고 흑수말갈
과의 전쟁에서도 성공을 거두리라 믿었지요. 하지만 대문예는 왕이자
형이 내린 명령을 거부하고 당에 망명하고 맙니다. 당나라 현종은 대문
예의 망명을 크게 기뻐하며 '좌효위장군'이라는 벼슬까지 내립니다. 이
때문에 당과 발해는 대문예의 거취 문제를 놓고 수차례 외교 분쟁을 일
으키게 되지요.

● **다음 제시문을 읽고 물음에 답하시오.**

(가) 동북의 여러 오랑캐가 두려워하여 발해의 신하가 되었다.

-『신당서』 중에서-

(나) 흑수말갈이 처음에는 우리에게 길을 빌려 당나라와 통교하였다.
그런데 지금 당나라에 관리를 요청하면서 우리에게 알리지 않으
니 이는 반드시 당나라와 함께 우리를 공격하려는 것이다. 문예와
장군 임아는 군사를 거느리고 흑수를 치도록 하라.

-『구당서』 중에서-

(다) 흑수말갈이 당에 관리를 요청하였는데 곧바로 공격하려고 한다

면 이는 당을 배반하는 것입니다. 하루아침에 원수를 맺는 것은 스스로 멸망을 취하는 것입니다. 옛날 고구려가 전성기에 강한 병사가 30만이나 되어 당에 대적하며 섬기지 않았다가 당나라 병사에 패하는 일이 있었습니다.

-『구당서』 중에서-

1 (가)는 주위의 나라들이 발해를 어떻게 생각했는지 알 수 있는 내용이고, (나)는 무왕이 당나라를 치고자 한 이유를 알 수 있는 내용이고, (다)는 대문예가 흑수말갈을 치지 않은 이유에 대한 내용입니다. (가)~(다)를 토대로 당시 발해의 위치에 대해 쓰시오.

● **다음 제시문을 읽고 물음에 답하시오.**

(가) 이 땅은 부여의 유속을 이었고, 고구려의 옛 영토를 회복했으니
 너희 일본은 옛 고구려를 대하듯 나를 대하라.
                          - 발해가 일본에 보낸 외교문서 -

(나) 727년 발해의 무왕은 24명의 사신을 일본에 파견했어요. 당시 일
 본의 성무왕은 이들을 극진히 대접했고, 각종 답례품을 보냈습니
 다. 이렇게 시작된 일본과의 교류는 192년 동안 계속되어 발해는
 일본에 34차례, 일본은 발해에 13차례 방문하였습니다.

(다) 발해의 말, 담비 가죽, 호랑이 가죽 등은 일본에서 대단한 인기를
 끌었지요. 당시 일본으로 전해졌던 발해의 음악 '발해악'은 아직
 도 일본에 남아 있습니다.

2 (가)~(다)를 보고 발해와 일본과의 관계에 대해 쓰시오.

논술
해답

해답 1

　발해는 길림성의 동모산에 자리 잡은 이래로 주위 세력을 포섭하고 정복하는 등 영토 확장에 박차를 가해 왔습니다. 특히 발해는 고구려의 후예라는 생각을 가지고 있었기에 고구려의 옛 영토를 되찾으려는 생각을 가지고 있었지요. 그래서 (가)에서 알 수 있듯이 많은 오랑캐가 발해의 신하가 되었고, (나)에서 알 수 있듯이 흑수말갈은 당에 도움을 요청하게 된 것입니다. 하지만 (다)에서 알 수 있듯이 당과 전면전을 펼치기에는 발해도 위험하다는 의견이 지배적이었지요.

　발해는 스스로 황제국이라 칭하는 등 당과 대등한 관계를 유지하였고, 서역과 교류를 하였을 뿐 아니라 바다 건너 일본과도 자주 교류를 하여 동아시아의 해동성국으로 자리를 잡았지요. 특히 일본과는 교류가 매우 활발하였습니다. 발해의 모태가 되었던 고구려를 망하게 했던 당이나 신라보다는 자연 일본과 더욱 친하게 지낼 수 있었던 것이지요.

14

왜 왕건의 부인은 29명일까?

견훤 vs 왕건

후백제를 건국했으나 아들에 의해 갇히고 결국 제 손으로 후 백제를 멸망시켜야 했던 견훤. 견훤은 이 책에서 왕건을 고소하 였습니다. 자신이 왕건의 계략에 속아 후백제를 멸망시키는 데 이용되었다고 말이지요. 또한 왕건이 부인을 29명이나 둔 것은 왕건이 단지 호색한에 불과하다고 비난합니다. 이런 견훤 측의 주장에 대해 왕건 측은 부인이 많았던 것은 통일 정책의 일환이 었다고 반박하지요. 당시 호족들은 왕과 일족이 되는 것을 영예 로운 일로 생각했다는 것이 그 이유였습니다. 견훤과 왕건의 논 쟁의 진실을 알기 위해서 고려가 통일을 한 과정과 그 이후의 통 일 정책에 대해 살펴보는 것이 이 책의 주된 내용입니다.

원고 **견훤**

(867년 ~ 936년)
나는 후백제의 초대 왕입니다. 궁예의 후
고구려와 충돌하며 세력을 키우는 것에 힘
썼지요. 후에 왕위 계승 문제로 아들 신검
이 나를 가두었으나 탈출하여 왕건에게 투
항했습니다. 왕건을 도와 신검을 치고 후
백제를 멸망시키지요. 하지만 왕건만 영웅
으로 평가받는 것은 정말 말도 안 된다고
생각합니다.

피고 **왕건**

(877년 ~ 943년)
나는 고려 초대 왕인 왕건입니다. 궁예의
휘하에 있을 때 백성들의 신망을 얻었다가
궁예가 민심을 잃자 왕으로 추대되었습니
다. 항복해 온 견훤과 함께 신검의 후백제
를 공격하였습니다. 물론 내가 잘한 일만
있는 것은 아니지만 그래도 나는 민족을
통일하기 위해 최선을 다했습니다.

신라에서는 중앙 정부의 통제력이 약화되고 농민 봉기가 일어나는 등 사회가 혼란하였다. 이 와중에 견훤과 궁예가 후백제와 후고구려(태봉)를 건국하여 후삼국이 성립되었다.

9세기 말에 일어난 농민들의 봉기는 신라를 뒤흔들었고, 이 틈에 세력을 모아 견훤과 궁예는 나라를 세웠다. 견훤은 900년에 완산주를 도읍으로 하는 후백제를 세웠고, 궁예는 901년 송악을 도읍으로 하는 후고구려를 세웠다.

궁예의 부하가 된 왕건은 공을 세우며 두터운 신망을 얻게 되어 결국 실정을 한 궁예를 몰아내고 왕으로 추대를 받았다. 왕건은 고구려 계승을 내세워 국호를 고려라 한다. 왕건은 후백제와 경쟁하고 신라는 우호적으로 대한다. 이에 민심이 고려로 기운 신라를 병합하기에 이르렀다. 결국 왕건은 왕위 계승을 둘러싼 갈등을 피해 견훤이 귀순해 오자 후백제군을 격파하고 후삼국을 통일하였다.

후삼국 시대와 고려의 왕건

9세기 말, 신라는 몹시 혼란스러웠습니다. 중앙의 귀족들은 부패하여 사치와 향락에 빠졌고 농민들은 지나친 세금으로 비참한 생활을 해야 했지요. 결국 농민들의 불만이 터져 곳곳에서 봉기가 일어났습니다. 이 와중에 지방의 호족들은 힘을 키워 갔고, 견훤과 궁예는 자신의 세력을 키워 나라를 세우기에 이릅니다. 바로 후백제와 후고구려를 세우게 되고, 신라와 함께 후삼국 시대를 열어 가게 된 것입니다.

후고구려의 왕이 된 궁예는 점점 괴팍해지면서 급기야는 자신을 미륵불이라고 주장하기에 이릅니다. 주변 사람을 의심하고 세금을 과하게 걷어 백성들의 원성을 사게 되지요. 궁예의 난폭한 행동과 잘못된 정치를 참다못한 신하들은 결국 궁예를 쫓아내고 왕건을 새 국왕으로 모십니다.

왕위에 오른 왕건은 나라의 이름을 고구려를 계승한다는 의미로 '고려'라고 지었어요. 그리고 수도를 송악으로 옮겼지요. 왕건은 견훤의 후

백제는 견제하는 한편, 신라와는 동맹을 맺는 외교를 펼칩니다. 고려와 신라가 친하게 지내자 불안해진 견훤은 신라를 먼저 공격하기로 마음먹습니다. 그리고 신라의 왕인 경애왕의 목숨을 빼앗고 왕족인 김부를 왕위에 앉히지요. 이 사람이 바로 경순왕입니다. 하지만 이 사건으로 신라의 백성들의 마음은 후백제가 아닌 고려에게로 기울게 됩니다. 고려와 후백제 사이에서 국력이 매우 약해진 신라는 고려에게 항복할 결심을 합니다. 훗날 '마의 타자'로 알려진 신라의 태자가 끝까지 반대의 뜻을 굽히지 않았지만 935년 신라는 고려에 항복을 하게 되지요.

한편 후백제의 왕실에서는 견훤의 아들들이 서로 왕의 자리를 다투고 있었습니다. 견훤이 자신의 후계자로 넷째 아들인 금강을 지목하자 첫째 아들인 신검이 불만을 품게 되지요. 그래서 신검은 아버지인 견훤을 금각사라는 절에 가두고 아우인 금강을 죽이고 맙니다. 물론 스스로 왕의 자리에 오르는 일도 서슴지 않았지요. 이에 후백제의 견훤은 간신히 탈출하여 고려의 왕건을 찾아오게 됩니다.

견훤의 망명은 후삼국을 통일하려는 왕건에게 더욱 큰 힘이 되었고 왕건은 후백제를 치러 나섭니다. 결국 왕건은 후삼국을 통일하기에 이르고, 거란에 의해 멸망한 발해의 유민들도 받아들임으로써 진정한 의미의 민족 통일을 이루게 되지요.

하지만 이런 왕건에게도 고민이 있었습니다. 지방의 호족들을 어떻게 하면 자신의 편으로 끌어들일까 하는 것이었지요. 그래서 호족들을 자신의 편으로 만들기 위해 왕건은 그들의 딸과 혼인하는 방법을 선택했어요. 이 때문에 왕건의 부인은 무려 29명이나 되었답니다.

● **다음 제시문을 읽고 물음에 답하시오.**

(가) 임금의 자질에는 어리석은 자질도
　　있고 현명한 자질도 있으며, 강력한
　　자질도 있고 유약한 자질도 있어서
　　한결같지 않으니, 임금의 아름다운
　　점은 순종하고 나쁜 점은 바로잡으
　　며, 옳은 일은 받들고 옳지 않은 일
　　은 막아서, 임금으로 하여금 가장 올
　　바른 경지에 들게 해야 한다.

　　　　　　　- 『삼봉집』 중에서 -

정도전

(나) 왕건은 궁예의 부하가 되었다. 한반도 중부를 석권한 궁예가 지금의 철원을 도읍으로 정하자 왕건은 아버지를 따라 그의 휘하로 들어갔다. 광주, 충주, 청주, 괴산의 군현을 평정한 공로로 아찬에 임명되었고, 해상권마저 확보하였다. 이러한 왕건에 대한 궁예의 믿음은 두터워져 왕건은 시중의 자리까지 오르게 된다. 하지만 궁예는 점점 폭군으로 돌변해 민심을 잃어 갔다. 결국 신숭겸 등이 궁예를 내쫓고 왕건을 추대해 새 왕이 되었다.

1 (가)는 정도전이 쓴 『삼봉집』의 내용이고, (나)는 고려 건국까지의 역사적 사실입니다. (가)를 읽고 (나)의 역사적 상황을 비판하는 글을 쓰시오.

● **다음 제시문을 읽고 물음에 답하시오.**

(가) 왕건은 호족의 반발을 잠재우기 위해 각 지역 호족 출신 여성들과 정략적으로 혼인했고, 그 자손을 국가 인재로 등용하여 우대했습니다. 그래서 왕건은 29명이나 되는 후궁을 거느리게 되었지요.

(나) 고려 시대는 일부일처제가 일반적으로 한 명의 남편과 한 명의 부인만이 있었습니다. 그런데 고려 후기의 재상인 박유는 관직에 따라 처와 첩을 두자는 상소를 올렸고 이 사실이 알려지자 부인들은 모두 그를 미워했습니다. 그래서 박유를 보고는 '첩을 두자고 건의한 늙은이'라며 손가락질했답니다.

(다) 태조 왕건은 호족들을 잘 아우르기 위해 사심관 제도와 기인 제도를 사용하였습니다. 사심관 제도란 고려를 건국하는 데 공을 세운 공신에게 각각 출신 지역을 다스릴 수 있도록 한 제도이고, 기인 제도는 지방 호족의 자식을 중앙 관리로 두어 수도에 머무르게 하는 제도였지요.

2 (가)는 왕건이 호족의 반발을 잠재우기 위해 29명의 후궁을 두게 되었다는 내용입니다. (나)와 (다) 중 하나를 선택해 (가)의 왕건의 행동을 지지 또는 비판하는 글을 쓰시오.

해답 1

정도전은 고려에서 조선으로 교체되는 격동의 시기에 새 왕조를 설계한 인물입니다. 성리학적 이상 세계를 꿈꾸었지요. 정도전은 『삼봉집』에서 여러 글을 남겼는데, 이 중 (가)는 임금과 신하에 대한 이야기입니다. 임금이라고 하더라도 모두 자질이 좋지 않을 수 있으니 이를 바로잡아 올바른 경지에 들게 해야 한다는 내용이지요. 그런데 (나)를 보면 왕건은 궁예의 신하였으나 결국은 궁예를 몰아내고 왕에 오르게 됩니다. 물론 궁예가 많은 기행으로 민심을 잃었던 것은 사실이지만, 이를 바로잡아 왕이 올바른 길을 가도록 인도하지 못하였던 것이지요. 이는 비판받을만한 부분입니다.

　　왕건이 29명의 후궁을 거느리는 행동은 비판받아 마땅합니다. 당시 고려는 (나)에서 알 수 있듯이 일부일처제가 일반적이었습니다. 그래서 사람들은 처와 첩을 두자고 건의하는 것조차 손가락질을 했지요. 그런데 한 나라의 왕으로 모든 백성이 본받아야 할 자리에 있던 왕건이 29명의 후궁을 둔 것은 옳지 못한 행동입니다. 물론 이제 막 건국한 고려를 안정시키기 위해서 어쩔 수 없었다고는 하나, 옳지 못한 방법이 정당화될 수는 없는 일입니다.

왜 서희는 외교 담판을 했을까?

소손녕 vs 서희

　　거란의 장수 소손녕은 서희와의 외교 담판으로 군대를 이끌고 돌아간 인물로 잘 알려져 있습니다. 그런데 이 소손녕이 그동안 거란이 야만적이고 전쟁만 일삼는 나라로 잘못 알려진 것이 억울해 소송을 의뢰합니다. 그리고 서희와의 외교 담판에서 거란이 일방적으로 밀렸던 것이 아니었다고 주장합니다. 그래서 이 재판에서는 거란이 고려에 쳐들어올 정도로 고려와 거란의 사이가 나빴는지에 대해서 알아보고, 거란이 고려에 쳐들어온 이유에 대해서 살펴봅니다. 그리고 서희가 거란 장수의 마음을 어떻게 돌려놓았는지를 알아보고, 거란의 장수 소손녕의 주장이 사실인지 아닌지를 짚어 보지요.

원고 소손녕

(? ~ ?)

나는 거란이 세운 요나라의 장수입니다. 군대를 이끌고 고려를 침공하였으나 서희와의 담판으로 강화를 한 뒤 철군을 하였지요. 강화 결과 고려는 형식적이나마 송과의 관계를 단절하고 요와 관계를 맺었습니다.

피고 서희

(942년 ~ 998년)

나는 고려의 외교가이자 문신입니다. 거란이 침입을 해 왔을 때 적장인 소손녕과 담판을 벌여 거란군을 철수시키는 공을 세웠지요. 이때 옛 고구려 땅은 거란 소유라는 소손녕의 주장을 반박하고 고구려의 뒤를 잇는 고려의 정통성을 주장하였습니다.

거란이 1차로 침입했을 때, 고려 조정 내에서는 서경 이북의 땅을 거란에 주고 화평을 맺자는 의견도 있었다. 그러나 서희는 거란의 장수 소손녕과 담판을 벌여 거란의 군대를 물러가게 한다.

송과 거란은 중국 대륙의 패권을 둘러싸고 대치하고 있었다. 거란은 고려가 송과 연합하는 것을 경계하였으며, 송은 거란을 견제하기 위해 고려와 관계 개선을 꾀하였다.

중학교	역사(상)	IV. 고려의 성립과 발전 　1. 고려의 성립 　　(3) 북진 정책을 추진하다
고등학교	한국사	II. 고려와 조선의 성립과 발전 　1. 민족을 재통일하여 발전한 고려 　　(4) 고려와 이웃 나라들

10~14세기 동아시아는 농경 민족인 고려, 송과 북방 유목 민족인 거란, 여진, 몽골이 대결하는 형국이었다. 고려는 북방 민족과 맞서기도 하고 화친하기도 하였다.

송과 대치하던 거란은 고려를 경계하여 10세기 말부터 여러 차례 침입하였다. 서희가 외교 담판을 벌여 송과 관계를 단절하겠다는 약속을 내세워 강동 6주를 차지하였다.

고려와 동아시아

왕건이 고려를 세울 무렵인 10세기 초, 중국 대륙에도 많은 변화가 있었습니다. 크고 작은 나라들이 서로 세력을 다투어 일어났기 때문이지요. 특히 중국의 랴오허 강 일대의 유목 민족인 거란은 '요'라는 나라를 세워 세력을 점점 키워 나갔습니다. 거란에게 발해도 멸망당하고 맙니다. 그리고 중국 대륙에는 '송'나라가 건국되어 대륙을 통일해 나가고 있었기 때문에 세력을 뻗쳐 오는 거란과 충돌을 피할 수가 없었지요.

당시 고려는 거란과는 친하게 지내지 않았습니다. 중국의 여러 나라와 가까이했지만 발해를 멸망시킨 거란과는 화친을 하지 않았지요. 그래서 거란은 고려가 늘 눈엣가시였습니다. 중국 대륙을 놓고 송과의 한판 전쟁을 벌이려고 해도 고려가 송을 도울까 봐 내심 걱정이 되었기 때문입니다. 그만큼 고려가 만만한 상대가 아니었던 거지요.

결국 거란은 고려를 치기로 결정을 내립니다. 성종 12년인 993년, 거란의 장수인 소손녕이 80만 대군을 이끌고 고려를 침입합니다. 이를 '거란의 1차 침입'이라고 부르지요. 이러한 거란의 침입에 고려 조정 내부에서는 전쟁과 피해를 두려워하여 화친을 맺자는 의견이 많았습니다. 서경 이북의 땅을 떼어 주고 거란과 친하게 지내자는 의견이었지요. 하지만 서희는 이를 반대하였습니다. 중국에 사신으로 다녀온 적이 있어 국제 정세를 파악하고 있었던 서희는 고려와 송의 관계를 끊기 위해 거란이 공격해 왔음을 알고 있었기 때문입니다.

거란의 진영으로 찾아간 서희는 거란의 장수인 소손녕과 협상을 하기 시작합니다. 소손녕은 고구려의 땅이 본래 자신들의 것이라며 땅을 내놓으라고 합니다. 이에 서희는 고려가 고구려의 후예라며 거란의 요구를 거부하지요. 그뿐만 아니라 거란족이 고려를 치기 위해 오면서 여진으로부터 빼앗은 강동 6주(압록강 동쪽에 위치한 지역)를 넘겨받기까지 하였답니다.

● **다음 제시문을 읽고 물음에 답하시오.**

(가) # 거란족의 진영

　　소손녕: '감히 우리 군사들로 둘러싸인 진영을 겁 없이 찾아오다
　　　니⋯⋯. 겁을 줘서 혼을 내줘야겠군.'

　　소손녕: (서희가 진영 안으로 들어서는 것을 보고) "바닥에 엎드려 절을
　　　하시오."

　　서희: (당당하게) "나는 고려 왕이 보낸 사신이니 사신으로 대우해
　　　주시오."

　　소손녕: (당황하며) "아, 알겠소."

　　서희: "왜 우리 고려를 쳐들어온 것이오?"

　　소손녕: "우리가 쳐들어온 이유가 궁금하오? 그야 당연히 우리 땅

을 찾으려고 온 것이지. 고구려 땅은 우리 건데 신라 뒤를 이은 고

려가 차지하고 있는 게 말이 되오?"

서희: (힘차게) "뭐라고요? 말도 안 되는 소리요. 고구려에서 가운

데 '구' 자를 빼면 뭐가 됩니까?"

소손녕: "그, 그야 고려."

서희: "그것 보시오. 나라 이름만 보더라도 우리가 고구려의 후예

라는 것을 알 수 있잖소."

(나) 태조 왕건이 918년 왕위에 오르자 왕건은 고구려를 계승한다는

의미로 나라의 이름을 '고려'라고 지었습니다. 그리고 궁예가 옮

겼던 수도를 다시 송악으로 되돌렸지요.

1️⃣ (가)와 (나)에서 알 수 있는 공통점이 무엇인지 생각하여 쓰시오.

　거란은 고려에 사신을 보내 친하게 지낼 것을 요구하였습니다. 하지만 태조 왕건은 이 요구를 거절하였습니다. 그래서 942년에 사신과 함께 낙타 50필을 고려로 보내옵니다. 하지만 거란의 사신은 유배시키고 선물로 온 낙타는 개경에 있는 만부교라는 다리에 매어 놓고 굶겨 죽입니다. 거란과 친하게 지낼 생각이 없음을 강경하게 표현한 것이지요. 이를 '만부교 사건'이라고 하며 이 일 이후로 고려와 거란의 외교는 단절되었습니다.

　그러다 결국 고려 성종 때 거란족이 쳐들어오게 됩니다. 나름 거란의 침입에 대비했지만 국방 문제에 소홀해 있었기 때문에 거란과 싸울 준비가 되어 있지 않았던 것이지요. 이에 <u>고려 조정의 신하들 대부분이 거란이 원하는 서경 이북의 땅을 떼어 주고 돌려보내자고 주장</u>합니다.

2 서희가 담판을 짓지 않고 윗글의 밑줄 친 고려 조정의 신하들 대부분의 주장을 따랐다면 역사는 어떻게 바뀌었을지 생각하여 쓰시오.

논술
해답

　(가)는 서희와 소손녕의 담판에 대한 내용입니다. 당시 고려 성종 때 거란족이 쳐들어와 서경 이북의 땅을 요구하였습니다. 하지만 서희는 거란의 침략 의도가 고려와 송나라의 관계를 끊는 데 있다는 것을 눈치 채고 거란족의 장군 소손녕을 만났지요. 그리고 땅을 내놓으라는 거란의 장군 말에 고려는 고구려를 계승한 나라라는 사실을 밝히지요. 그리고 (나)는 고려를 건국한 왕건이 고려의 이름을 왜 고려라고 지었는지에 대해 알 수 있는 내용입니다. 이처럼 (가)와 (나)에서 공통적으로 알 수 있는 것은 고려가 고구려의 정신을 계승하고 있는 나라라는 점입니다.

　나라 간의 국제 정세는 매우 복잡한 일입니다. 나라의 안전과 부강을 위해서는 어제의 적이었던 나라와 오늘 손을 잡기도 하기 때문이지요. 특히 고려 시대에는 중국 대륙에 많은 변화가 있었습니다. 북방 유목 민족이 매우 강성하게 성장하였기 때문입니다. 이럴 때에 지금 당장의 위험을 피하고자 상황을 제대로 알아보지도 않고 자신의 나라의 땅을 떼어 주었다면 아마 거란은 물론 여진까지도 고려를 우습게 여겨 크고 작은 전쟁을 피할 수 없었을 것입니다. 고려는 서희의 결정이 아니었다면 아마 실제 겪었던 전쟁보다 더 많은 전쟁을 겪어야 했을 것입니다.

16

왜 묘청은 서경 천도를
주장했을까?

묘청 vs 김부식

새로운 강대국으로 성장한 여진족이 세운 금나라는 고려에 사대를 요구해 왔습니다. 이에 인종은 왕권을 다시 세우고 민생을 안정시키기 위해 개혁을 단행했습니다. 이러한 과정에서 김부식을 중심으로 하는 보수적 관리들과 묘청, 정지상을 중심으로 하는 지방 출신의 개혁적 관리들 사이에서 대립이 일어났습니다. 특히 묘청은 서경 천도 운동, 칭제 건원론, 금나라 정벌론을 펼치며 고려의 자주성을 회복하고자 했습니다. 하지만 인종의 반대로 서경 천도 계획이 실패하자 묘청은 반란을 일으켰습니다. 하지만 이 '묘청의 난'은 김부식을 중심으로 한 토벌군에 의해 진압당하고 말지요. 묘청은 이 재판에서 당시 개경파를 지휘하던 김부식이야말로 사대주의에 물들어 고려의 자주성을 훼손한 인물이라고 주장합니다.

원고 **묘청**

(? ~ 1135년)

나는 고려 중엽에 발생한 서경 천도 운동을 주도한 묘청입니다. 나는 승려로 서경 출신이었지요. 나라의 발전을 위해 풍수지리설을 근거로 서경으로 천도할 것을 주장하였지만, 김부식을 중심으로 한 개경파의 반대에 부딪혀 뜻을 이루지 못하였지요.

피고 **김부식**

(1075년 ~ 1151년)

나는 고려 시대 정치가이자 학자인 김부식입니다. 스물두 살에 과거에 급제하여 순탄하게 관직 생활을 하였습니다. 나는 인종의 명을 받들어 『삼국사기』 편찬을 주도하였지요. 그뿐만 아니라 개경파를 대표하여 서경에서 일어난 난을 진압하기도 하였습니다.

서경 출신 승려 묘청과 문신 정지상 등은 인종에게 '고려를 황제국이라 칭하고, 독자의 연호를 사용하며, 금을 정벌할 것'을 건의하였다. 또한 서경으로 수도를 옮기자는 묘청의 말에 인종은 귀를 기울였다. 그러나 개경의 정치 세력이 서경 천도를 강력하게 반대하자 묘청 등은 반란을 일으킨다. 이 난은 김부식이 이끄는 관군에게 1년 만에 진압된다.

중학교	역사(상)	V. 고려 사회의 변천 1. 무신 정권의 성립과 몽골과의 전쟁 (1) 무신이 정권을 잡다
고등학교	한국사	II. 고려와 조선의 성립과 발전 1. 민족을 재통일하여 발전한 고려 (3) 문벌 귀족 사회가 동요하다

일부 호족과 6두품 계열의 유학자들이 문벌 귀족을 형성하였다. 한편 과거를 통해 중앙에 진출한 지방 출신 신진 관리들은 문벌 귀족에 반감을 가지고 이들과 대립하였다. 이자겸의 난과 묘청의 서경 천도 운동은 이런 상황에서 일어났다.

고려 사회는 12세기 이후 점차 변동하였다. 권세가들에게 토지를 빼앗겨 생계가 어렵고, 무거운 조세 부담에 시달린 백성들이 결국 고향을 등지는 현상까지 일어났다. 이런 상황에서 풍수지리설이 성행하기도 했다.

묘청과 서경

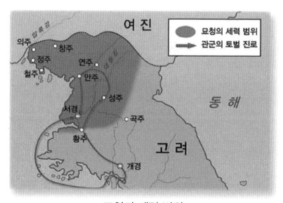

묘청의 세력 범위

　고려의 승려였던 묘청은 지금의 평양인 서경 출신입니다. 당시 고려는 수도인 개경을 위주로 정치와 문화가 이루어지고 있었지요. 묘청은 도교에 심취해 풍수지리와 도참사상을 두루 익혔고, 이를 바탕으로 고려의 도읍을 개경에서 서경으로 옮겨야 한다고 주장하였습니다.

"지금의 도읍인 개경은 기운이 이미 쇠했고, 서경에는 왕기가 흘러넘친다. 특히 서경의 임원역에 궁궐을 짓는다면 천하를 아우르게 되어 금나라가 스스로 항복하고 36국이 모두 신하가 될 것"이라는 묘청의 주장에 많은 사람이 마음이 흔들리게 됩니다. 이자겸이 난을 일으켜 궁이 불타고 세력을 키워 가는 금나라로 인해 불안했던 터라 왕이었던 인종 역시 묘청의 이야기에 고개를 끄덕이게 되지요.

인종은 서경에 직접 행차해 5개월이나 머물며 새 궁터를 구경했고, 묘청에게 새 왕궁 짓는 일을 맡겼습니다. 이에 묘청은 '임원궁'을 완성시켰고, 고려 임금이 스스로 황제로 칭하고 독자적인 연호를 쓰자는 것과 금국을 정벌하자는 것을 인종에게 주장합니다. 하지만 묘청은 자신의 주장을 합리화시키기 위해 무리수를 두기 시작했고, 사람들의 신뢰를 잃어 가게 되지요. 이러던 차에 묘청의 서경 천도를 반대하는 무리가 생겨났습니다. 김부식을 위시한 개경파의 반대에 부딪힌 것이지요.

결국 묘청은 1135년에 분사시랑 조광과 병부상서 유참 등과 함께 난을 일으킵니다. 조정에서는 김부식으로 하여금 난을 진압할 것을 명하였지요. 주동자인 묘청 등은 죽임을 당하고 반란군은 제압되고 맙니다.

사실 묘청의 난은 고려 내부적으로 정치적인 불안이 팽배해 있는 상태에서 금나라라는 외부 세력이 압박을 가하자 일어난 사건입니다. 이런 혼란한 시회 분위기 속에서 풍수지리와 같은 도참사상이 백성들에게 인기를 끌었다는 점은 시사하는 바가 크지요.

● **다음 제시문을 읽고 물음에 답하시오.**

(가) 고려 17대 왕인 인종이 즉위를 하고 얼마 지나지 않아 문벌 귀족인 이자겸이 난을 일으킵니다. 난은 진압되었으나 왕궁은 불에 타고 정치 기강은 무너졌지요. 당시 신하들은 개경파와 서경파로 나뉘어 있었는데, 서경파의 핵심 인물인 묘청이 수도를 서경으로 옮길 것을 주장합니다.

인종은 묘청의 말에 따라 새로운 성을 짓는 등 서경으로 천도하는 쪽으로 마음이 기울지요. 하지만 묘청이 지나치게 농간을 부리고 이것이 들통나자 민심과 인종의 마음 또한 떠나게 됩니다.

－『백은소설』 중에서－

(나) 서경은 지금의 평양으로 고려 태조는 즉위 초부터 서경에 많은 관심을 보였습니다. 기록에 '서경'이라는 명칭이 처음 보인 것은 태조 4년이었고, 이듬해 새로운 행정 기구를 본격적으로 설치하였지요.

-『고려사절요』중에서-

1 (가)는 묘청의 서경 천도 운동에 대한 내용이고, (나)는 서경에 대한 내용입니다. 만약 묘청의 서경 천도 운동이 성공하여 서경으로 천도하였다면 역사는 어떻게 바뀌게 되었을지 쓰시오.

● **다음 제시문을 읽고 물음에 답하시오.**

　　'칭제 건원'은 왕을 황제로 칭하고 중국의 연호가 아닌 독자적인 연호를 사용하다는 말입니다. 칭제 건원은 진시황이 황제의 권위를 보여 주기 위해 처음 사용한 뒤부터 중국 대륙을 차지한 나라가 기준이 되어 왔습니다. 즉 중국의 왕이 황제이고, 중국에서 연호를 정하였던 것이지요. 여기서 연호는 중국에서 비롯되어 한자를 사용하는 아시아의 군주 국가에서 쓰던 해를 표기하는 방법을 말합니다.

2 위의 내용은 묘청이 주장한 '칭제 건원'에 대한 내용입니다. 칭제 건원이 자주성을 높이는 데 어떤 관련이 있는지 쓰시오.

논술
해답

해답 1

　정지상은 묘청을 인종에게 추천한 인물로, 서경을 대표하는 문신이자 당대 최고의 문장가였습니다. 한편 김부식은 개경파를 대표하는 학자로 훗날『삼국사기』를 편찬하는 문장가이지요.

　(가)의『백운소설』은 고려 중기 이규보가 지은 시화집으로, 당대를 주름잡은 문장가이면서 정치가였던 정지상과 김부식의 이야기를 다루고 있습니다. 정지상 귀신이 김부식의 시를 고쳐 주었다는 내용이지요. (나)는『고려사절요』에 전하는 정지상과 김부식의 이야기로, 묘청의 난 때 여기 가담한 혐의로 정지상이 처형되었다고 나옵니다. 하지만 정지상의 죽음에는 구구한 말들이 뒤따랐지요. 라이벌 중의 라이벌이었기 때문에 이런 말들이 있었던 것입니다. 실제로 김부식이 어떤 마음으로 정지상을 처형했는지는 알 수 없으나 복잡한 정치판의 격랑 속에서 정지상은 운명을 달리할 수밖에 없었음은 자명한 사실이지요.

고려의 왕이 스스로 황제라 칭하고 독자적인 연호를 쓴다는 것은 고려를 중심으로 하는 세상이 따로 존재한다고 생각한다는 것입니다. 중국이 중심이 아니라는 말이지요. 이렇게 칭제 건원 하게 되면 스스로를 높일 수 있기 때문에 다른 나라와의 관계를 결정하는 부분에서 유리해질 수 있습니다. 특히 금을 세운 여진족이 고려에게 자신을 섬기라고 요구하던 상황에서는 더더욱 민족의 자존심과도 관련된 부분이었지요.

왜 무신 정변이 일어났을까?

의종 vs 정중부

　　1170년 여름, 고려의 무신들이 칼을 뽑았습니다. 상장군 정중부와 이고, 이의방 등의 무신들이 문신들을 죽이고 정권을 장악한 것입니다. 이후 약 100여 년간 무신들은 고려를 다스리게 됩니다. 당시 의종과 문신들은 무신들에게 죽임을 당했습니다. 그 죽음이 억울했던 의종은 정중부를 고소하는 소장을 제출했지요. 의종은 무신 정변에서 죽은 한뢰, 김돈중 등 여러 문신과 자신의 명예를 회복시켜 주고 잘못된 역사 인식을 바로잡아 달라고 주장합니다. 이 책에서는 재판 과정에서 무신 정변이 일어난 배경과 전개 과정이 밝혀지고, 이의방에서 정중부, 경대승, 이의민을 거쳐 최씨 정권에 이르기까지 모든 무신 정권에 대한 평가가 이루어지지요.

원고 **의종**

(1127년 ~ 1173년)

나는 고려 제18대 왕입니다. 내가 왕위에 올랐을 당시 고려 왕실의 권위는 매우 약화되어 있었습니다. 그렇다고 해도 신하가 왕을 쫓아내는 건 말이 안 되는 거 아닙니까? 난 신하로 있던 정중부, 이의방 등이 난을 일으켜 폐위되었으며 거제도로 쫓겨났다가 결국 죽임을 당하였지요.

피고 **정중부**

(1106년 ~ 1179년)

나는 고려 시대의 무신입니다. 나이 어린 내시 김돈중이 자신의 아버지인 김부식의 권세만 믿고 오만방자하게 굴자 이대로는 안 된다고 생각하였습니다. 그만큼 문신들의 횡포가 심했으니까요. 그래서 나와 뜻을 같이하는 무신들과 반란을 일으켰습니다.

교과서
에는

무신 정권이 수립된 후, 무신 집권자들도 이전과 마찬가지로 백성들을 심하게 수탈하였다. 그리고 무신 집권자 가운데는 노비도 있어 신분 질서가 흔들렸다. 이에 하층민들은 저항 운동을 일으키게 된다.

무신들은 오랫동안 계속되어 온 차별 대우와 문신 위주의 정치에 불만을 품고 있었다. 그런데 당시 왕이었던 의종이 정치에 뜻을 잃고 놀이와 연희를 즐겼다. 의종이 놀이를 즐길 때를 이용하여 정중부, 이의방 등의 무신들이 정변을 일으키게 된다.

중학교	역사(상)	IV. 고려 사회의 변천 　1. 무신 정권의 성립과 몽골과의 전쟁 　　(1) 무신이 정권을 잡다
고등학교	한국사	II. 고려와 조선의 성립과 발전 　1. 민족을 재통일하여 발전한 고려 　　(3) 문벌 귀족 사회가 동요하다
		II. 고려와 조선의 성립과 발전 　1. 민족을 재통일하여 발전한 고려 　　(5) 개방성을 띤 고려 사회

문벌 귀족은 사회 모순에 대한 개혁을 외면하였고, 이 과정에서 문무 간의 갈등은 더욱 깊어졌다. 결국 무신들은 정변을 일으켜 국왕을 교체한 후 중방을 중심으로 권력을 행사하였다. 최씨 정권은 정권 유지와 안정에 치중하여, 대토지를 차지하고 도방과 삼별초를 두어 군사적 기반을 강화하였다.

고려는 엄격한 신분제 사회였지만, 신분 상승이 거의 없었던 신라의 골품제보다는 좀 더 개방적이었다. 무신 정권 시기에 하층민들의 신분 해방 운동 등을 거치면서 향·소·부곡들도 일반 군·현으로 승격되었다.

무신 정권의 권력

| 1170 1174 1179 | 1183 | | 1196 | | 1219 | | 1249 | 1257 1258 | 1268 1270 1271 |

무신 정권의 권력 이동

고려의 관리는 정치와 행정 업무를 담당하는 문신과 나라를 지키는 무신으로 나누어져 있었습니다. 그런데 무신보다 문신을 우대해, 무신들은 문신보다 높은 벼슬에 오를 수도 없고 늘 찬밥 신세였습니다. 설상가상인 것이 고려의 왕인 의종이 나랏일을 뒷전으로 미루고 놀이에 빠져 있어 무신들이 문신들에게 토지와 권력을 빼앗기는지도 몰랐지요. 문신으로 막강한 위세를 떨고 있던 김부식의 아들이 무신인 정중부의 수염을 태우는 일까지 발생합니다.

1170년 8월, 의종은 문신들과 함께 보현원이라는 절로 나들이를 떠났습니다. 여기서 택견과 유사한 놀이로, 손을 주로 사용해서 공격하는 경기인 '수박희'를 벌였습니다. 그런데 수박 시합 도중 노장군인 이소응이 쓰러지자 젊은 문신 한뢰가 이소응의 뺨을 때리며 모욕을 주는 사건이 벌어졌어요. 이 사건으로 무신들의 불만은 폭발하고 맙니다. 결국 정중부도 반란을 일으킬 결심을 하게 되지요.

보현원에서 시작된 무신들의 반란은 마침내 무신 정권을 탄생시킵니다. 이것이 바로 '무신 정변'이지요. 무신의 우두머리로 최고의 권력자가 된 정중부는 의종을 폐위시켜 귀양을 보내고 명종을 왕위에 올립니다. 반란을 주도했던 이의방도 최고의 권력을 누리지요. 이렇게 권력을 잡은 무신들은 나라의 군대를 자신의 사병처럼 거느리는가 하면 문신의 집을 습격하고 약탈해 민심을 점점 흉흉하게 만듭니다.

무신이었던 경대승은 다른 무신들의 행동에 분노하고 최고 권력자인 정중부를 처단합니다. 그래서 고려 최고의 권력자가 되었지요. 하지만 경대승은 서른의 나이로 병을 얻어 세상을 떠나고 말았습니다. 경대승이 죽자 무신들의 권력 싸움은 한층 더 심해졌어요. 이때 경대승의 뒤를 이어 정권을 차지한 사람은 이의민입니다. 10년 넘게 최고 권력을 누린 이의민의 정권은 최충헌에 의해 끝나고 맙니다. 최충헌의 권력은 그의 후손에까지 이어져 최우-최항-최의에 이어지는 60여 년 동안 최씨 집안은 권력을 휘두를 수 있었습니다.

● **다음 제시문을 읽고 물음에 답하시오.**

(가) 인종의 총애를 받던 정중부는 우직한 충성심과 성실함으로 의종에게서도 신임을 얻습니다. 이후 정중부는 무신 정변을 일으켜 문신들을 없앨 때도 왕인 의종은 죽이지를 못하였지요.

(나) 최충헌은 정치적 기반인 '교정도감'과 군사적 기반인 '도방, 삼별초', 경제적 기반인 '대농장'을 바탕으로 자신의 권력을 공고히 해 나갑니다. 그래서 명종-신종-희종-강종-고종에 이르는 임금이 바뀔 때도 최고의 권력을 쥐고 있을 수 있었지요.

1 (가)는 무신 정변을 일으킨 정중부에 대한 이야기이고, (나)는 가장 오랜 기간 정권을 갖고 있던 최충헌에 대한 이야기입니다. 정중부와 최충헌 모두 가장 막강한 권력을 가지고 있으면서 왕이 되려고 하지는 않았지요. 그 이유는 무엇인지 당시의 시대적 상황을 생각하며 쓰시오.

● **다음 제시문을 읽고 물음에 답하시오.**

(가) "저는 당대 최고의 집권자인 최충헌의 노비입니다. 당시 신분제
도의 변화를 눈으로 목격하며 제 신분도 올라갈 수 있다는 희망을
가졌지요. 그래서 수백 명의 노비들의 뜻을 모았지요. 사실 '왕후
장상이 씨가 따로 있지는 않은 것'이니까요. 왜 우리만 상전의 매
질을 당해 가며 뼈 빠지게 일해야 하는지 모르겠어요. 그래서 흥
국사에 모여 북을 치고 고함을 지르며 격구장으로 달려가 난을 일
으킬 것을 모의하였어요. 하지만 안타깝게도 계획은 어긋나고 말
았습니다. 모의 계획이 알려져 저를 비롯한 노비 100여 명이 강물
에 던져졌지요. 스스로 자유를 찾으려고 했던 것이 죽음을 부를
정도로 잘못된 일인 것입니까?"

(나) "저는 무신 정변 이후 10년 이상 정권을 잡았던 이의민입니다.
사실 비밀인데 전 노비 출신이지요. 하지만 최고의 권력을 누리
는 자리까지 올랐답니다. 경대승이 죽고 난 빈자리를 잽싸게 차
지해 정권을 장악하였기 때문입니다. 저는 원래 문신들만 임명했
던 지방관에 하급 무신을 임명하여 그들을 회유하는 정책을 펴기
도 했어요. 딸을 바쳐 태자비로 삼기도 했지만 결국은 최충헌에
의해 목숨을 잃고 말았답니다."

2 (가)와 (나)를 읽고 만적과 이의민의 공통점과 차이점에 대해 쓰시오.

해답 1

　옛 사람들은 왕은 아주 특별한 사람으로 하늘이 내린다는 생각을 갖고 있었습니다. 그래서 삼국을 건설한 왕들이 알을 깨고 나오는 등 독특한 탄생 설화를 가지고 있지요. 따라서 정중부와 최충헌 모두 힘은 있지만, 일반 사람인 자신이 왕이 되면 백성들에게 원망을 사서 더 큰 화를 입을 수 있다고 생각했지요. 그래서 스스로 왕은 되지 않고 권력만 누린 것입니다.

해답 2

　(가)에서도 알 수 있듯이 만적은 노비입니다. 고려 시대 가장 낮은 신분에 속하였지요. 또한 (나)의 이의민의 신분도 천한 신분이었습니다. 고려 시대에 대한 역사서인 『고려사』에 따르면, 이의민은 경주 출신으로

아버지는 소금장수인 이선이며 어머니는 영일현 옥령사의 종이었기 때문입니다. 이렇게 만적과 이의민은 낮은 신분을 가지고 있었지만, 신분의 불평등에서 벗어나기 위해 떨치고 일어났다는 공통점이 있습니다.

그러나 만적의 난은 성공하지 못했고, 이의민은 성공하여 최고 권력의 자리에 올랐다는 차이점이 있습니다. 물론 이의민도 최충헌의 손에 죽음을 당하고 만적도 모의가 탄로나 죽임을 당하지만, 이의민은 10년 동안 무소불위의 권력을 누렸지요.

18

왜 고려는 팔만대장경을 만들었을까?

이규보 vs 최우

　　팔만대장경은 우리나라를 대표하는 문화유산이자 세계적인 문화유산입니다. 고려 시대의 대표적인 문인인 이규보는 최씨 정권과 일제 강점기 일본 학자들에 의해 왜곡되고 가려진 역사적 사실을 바르게 알리고 싶다며 한국사법정에 소장을 제출했습니다. 그의 주장에 따르면 언제부터인지 팔만대장경을 최씨 정권이 주도해 만든 것처럼 잘못 알려지고 있는데, 팔만대장경은 고종의 명을 받은 고려의 백성이 힘을 모아 함께 만든 것이라고 합니다. 반면, 피고 최우는 당시 임금이었던 고종은 아무런 권한이 없었고, 모든 실권은 자신이 쥐고 있었기 때문에 팔만대장경을 만드는 것을 자신이 주도했다고 주장했습니다. 한 치의 양보도 없는 이규보와 최우의 재판이 이 책 속에서 펼쳐집니다.

등장인물 소개

원고 이규보

(1168년 ~ 1241년)
고려 시대의 문신이자 문인인 나 이규보는
『동국이상국집』을 쓴 인물입니다. 내가 살
던 당시는 무신들이 집권한 최씨들의 세상
이었습니다. 하지만 온 백성이 힘을 모아
만든 팔만대장경을 그들의 업적으로만 삼
는 것은 말이 안 된다고 생각합니다.

피고 최우

(? ~ 1249년)
나는 아버지 최충헌의 뒤를 이어 고려의
실권을 잡았던 최우입니다. 몽골의 침공
소식에 강화도로 천도를 하고 성을 쌓아
대비를 하였지요. 나의 재산을 털어서 팔
만대장경판을 완성하도록 하였습니다.

13세기 칭기즈 칸이 몽골 제국을 건설하여 금을 공격하면서 동아시아 지역으로 세력을 확장하기 시작했다. 고려와 몽골은 한동안 긴장 상태를 유지했으나 결국 몽골의 침입으로 전쟁이 시작되었다. 최씨 정권은 모든 백성이 섬이나 산성에 들어가서 몽골군에 항전하도록 하고 수도를 강화도로 옮긴다.

몽골군에 의해 대구 부인사에 보관하고 있는 대장경 판목 등이 불타는 피해를 입었고, 최씨 정권은 민심을 모으고 부처의 힘을 빌려 몽골군을 물리치기 위해 강화도에서 팔만대장경 조성 사업을 시작하였다. 16년의 대역사 끝에 팔만대장경이 완성되었다.

중학교	역사(상)	V. 고려 사회의 변천 　1. 무신 정권의 성립과 몽골과의 전쟁 　　(2) 몽골의 침입에 맞서다
고등학교	한국사	II. 고려와 조선의 성립과 발전 　1. 민족을 재통일하여 발전한 고려 　　(4) 고려와 이웃 나라들
		II. 고려와 조선의 성립과 발전 　1. 민족을 재통일하여 발전한 고려 　〈세계가 인정한 고려의 인쇄 문화〉

13세기 중엽 몽골이 여러 차례 침입하여 최씨 무신 정권은 대몽 항전을 위해 강화도로 옮긴다. 몽골과의 전쟁에서 적극 나선 것은 하층민이었다. 하지만 전쟁은 40년이나 이어졌고, 결국 고려는 몽골과 강화를 맺기에 이르렀다.

2007년 유네스코는 팔만대장경을 세계 기록 유산으로 지정하였다. 몽골의 침입을 물리치려는 염원을 담아 만든 팔만대장경은 총 5000만 자가 넘을 정도의 방대한 분량을 자랑한다.

대몽 항전의 마음이 담긴, 팔만대장경

팔만대장경 경판

'대장경'이란 불교의 교리를 종합한 책을 말합니다. 따라서 '팔만대장경'이란 대장경의 판 수가 팔만여 개에 달한다는 뜻으로 원래 이름은 '고려대장경'입니다. 팔만대장경은 우리나라의 국보 제32호이며, 2007년 유네스코가 세계 기록 유산으로 지정한 문화재입니다.

팔만대장경을 찍어낼 수 있는 경판 하나의 두께는 4cm 정도라고 합니다. 따라서 경판 8만 장을 모두 쌓으면 무려 3200m나 되지요. 백두산의 높이를 훌쩍 뛰어넘는 엄청난 높이입니다. 그뿐만 아니라 경판 하나의 무게가 3kg 정도이니 이것을 옮기려면 2.5톤 트럭 100대나 필요할 정도랍니다. 이렇게 어마어마한 분량의 팔만대장경은 만드는 기간도 아주 오래 걸렸습니다. 1237년부터 1251년까지 모두 16년에 걸쳐 만들어졌지요.

팔만대장경을 만든 시기는 몽골이 고려를 침략한 시기와 겹쳐 있습니다. 몽골의 침입으로 나라가 위험에 빠지자 나라를 지키기 위해 저항을 하는 한편, 평화를 바라는 마음과 부처님의 힘으로 적이 물러가길 바라는 마음을 담아 팔만대장경을 만든 것이지요. 당시 고려를 지배하던 최씨 정권은 국교인 불교를 바탕으로 백성들을 단합시키고자 하였습니다.

팔만대장경을 만드는 과정은 큰 나무를 반듯한 판으로 잘라내는 것에서 시작합니다. 이렇게 잘라낸 나무판은 오랫동안 갯벌이나 바닷물에 담가 둡니다. 이런 작업을 거쳐야 나무판이 갈라지지 않는다고 하지요. 그러고는 나무판을 소금물에 삶아 건조하는 귀찮은 작업을 거쳐야 합니다. 그래야 나무가 갈라지거나 뒤틀리지 않고 해충으로부터도 안전하기 때문입니다. 이 과정을 거친 나무판을 다듬어 반듯하게 만들면 글을 쓴 종이를 경판에 붙이고 글자를 새깁니다. 인쇄를 했을 때 바로 나오기 위해서는 종이의 좌우를 뒤집어 붙여야 했습니다. 한 글자 한 글자 정성을 다한 새김 작업이 끝나면 경판은 옻칠을 해서 마무리를 하였습니다.

믿어지지 않을 정도의 방대한 분량과, 놀랄 정도의 작업 기간, 귀찮고 손이 가는 작업 과정을 거쳐 만들어진 팔만대장경은 800여 년 전에 만들어졌습니다. 하지만 팔만대장경은 외적과 맞서서 나라를 지키고자 했던 고려 사람들의 마음을 여전히 생생하게 느낄 수 있게 해 주지요.

한 걸음 더! 역사 논술

〈역사공화국 한국사법정 18 왜 고려는 팔만대장경을 만들었을까?〉와
관련한 논술 문제를 풀어 봅시다.

● **다음 제시문을 읽고 물음에 답하시오.**

옛날 현종 2년에 거란이 군사를 일으켜 쳐들어왔다. 현종은 남쪽으
로 피란하였는데, 거란군은 송악성에 주둔하고 물러나지 않았다. 현
종이 여러 신하와 함께 크게 맹세하고 대장경 판본을 새기니 거란군
이 스스로 물러갔다. 대장경은 한가지이고, 그때나 지금이나 그것을
새기는 일도 한가지이며, 임금과 신하가 함께 맹세한 것도 또한 같은
것이다. 어찌 거란 군사만 물러가고 지금의 몽골 군사는 물러나지 않
겠는가? 오직 부처와 여러 천인이 얼마나 보살펴 주느냐에 달려 있을
뿐이다.

－『동국이상국집』중에서－

1 이규보의 『동국이상국집』에 나온 글을 보고 팔만대장경을 만들 수밖에 없었던 이유에 대해 쓰시오.

> 팔만대장경은 고려 고종 23년인 1236년부터 고종 38년인 1251년까지 만들어진 대장경이다.

● **다음 제시문을 읽고 물음에 답하시오.**

(가) 1231년 몽골의 침입으로 전쟁이 시작되자, 최우 무신 정권은 강화도로 수도를 옮깁니다. 최우는 미리 군사 2000명을 보내 궁궐과 왕이 있을 곳을 마련하고 성을 쌓았지요.

(나) 처인성 전투에서 김윤후와 처인성의 부곡민은 몽골군 사령관인 살리타를 사살합니다. 이에 놀란 몽골군은 철수하기에 이르지요.

(다) 최씨 정권은 강화도에서 팔만대장경 조성 사업을 시작하였습니다. 부처님의 힘을 빌려 몽골군을 쫓고 싶었던 것입니다. 16년에 걸친 작업 끝에 8만 개에 달하는 대장경판을 만들었지요.

2 (가)~(다)는 몽골이 고려를 침입했을 때 있었던 여러 역사적 사건입니다. 내가 만약 당시에 고려인이었다면 어떤 행동을 했을지 그 이유와 함께 쓰시오.

해답 1

　1010년 거란이 두 번째로 고려를 쳐들어왔을 때 현종은 개경을 버리고 전라남도 나주까지 피난을 가게 됩니다. 이때 거란군은 송악성에 자리를 잡고 물러나지 않았지요. 그러자 왕과 신하들이 함께 나라를 지키기로 맹세하고 대장경의 판본을 새겼더니 거란이 스스로 물러갔다고 합니다. 이때 새긴 대장경을 '초조대장경'이라고 하지요. 물론 대장경판을 만드는 것이 실제로 적을 물리치는 데 도움을 주는지는 과학적으로 증명할 수 없지만, 이렇게 외세의 침략을 받아 너무 큰 시련을 겪었을 때 백성들의 마음과 힘을 하나로 모을 필요가 있었던 것입니다.

(가)는 전쟁이 나자 지리적으로 안전하게 몽골군과 맞서 싸울 수 있는 강화도로 수도를 옮긴 내용이고, (나)는 몽골군과 맞서 용감하게 싸운 내용이고, (다)는 몽골군을 쫓기 위해 부처님의 힘을 빌리는 내용입니다. 모두 몽골군이 고려를 쳐들어왔을 때 있었던 일이지요.

내가 만약 당시의 고려인이었다면 (가)와 같이 몽골군과 맞서서 싸울 수 있는 좋은 위치를 찾아 항전을 준비하겠습니다. 물론 용감하게 맞서서 싸우는 것도 중요하고, 대장경판을 만들어 민심을 모으는 것도 중요하지만 전쟁은 전략이기 때문에 승리하기 위해서는 지리적으로 좋은 자리를 차지하는 게 필요합니다.

왜 삼별초는
최후까지 싸웠을까?

김방경 vs 김통정

    13세기에 접어들어 칭기 즈칸이 몽골 초원에서 몽골 제국을 건설하면서 동북아시아는 긴장에 휩싸였습니다. 1231년에 고려는 몽골의 제1차 침입을 받게 되었고, 이후 40여 년간 몽골의 침략에 시달리게 됩니다. 그런데 이때 고려의 삼별초 부대는 1270년부터 1273년까지 개경-강화도-진도-제주도로 옮겨 가며 몽골과 맞서 최후까지 항전하다 장렬히 전사했지요. 하지만 몽골과의 화해를 원했던 고려 조정의 친원 세력이었던 김방경은 삼별초가 실은 최씨 무신 정권의 사병으로, 그들의 꼭두각시 노릇을 했던 것이라고 주장합니다. 몽골의 침략에 맞섰던 민족 항쟁으로 알려진 삼별초의 내막은 과연 무엇이었는지 재판을 통해 꼼꼼히 짚어 봅니다.

원고 **김방경**

(1212년 ~ 1300년)
나는 고려 후기의 무신으로 '삼별초의 난'
을 그 현장에서 본 사람입니다. 왜냐하면
삼별초가 반란을 일으키자, 그 토벌의 임
무를 맡았기 때문이지요. 진도에서 삼별
초를 토벌하는 데 성공하였고, 탐라(현재
의 제주도)로 들어간 삼별초의 뒤를 쫓아
모두 소탕하였지요.

피고 **김통정**

(? ~ 1273년)
고려 후기의 무신으로 배중손이 개경 환도
를 반대하여 삼별초를 거느리고 대몽 항전
을 할 때 장수로 참가하였습니다. 진도에
서 삼별초가 함락되자 나머지 군대를 이끌
고 탐라로 들어가 항전을 펼쳤지요. 결국
은 많은 군대를 이끌고 온 김방경의 정벌
군과 싸우다 항복하지 않고 스스로 목숨을
끊었습니다.

고려 정부는 개경으로 환도하지만, 무신 정권의 군사적인 기반이 되었던 삼별초는 개경 환도에 반대하여 대몽 항쟁을 계속하였다. 이들은 강화도에서 멀리 진도로 내려가 여·몽 연합군과 맞서 싸웠다.

중학교	역사(상)	V. 고려 사회의 변천 1. 무신 정권의 성립과 몽골과의 전쟁 (2) 몽골의 침입에 맞서다
고등학교	한국사	II. 고려와 조선의 성립과 발전 1. 민족을 재통일하여 발전한 고려 (3) 문벌 귀족 사회가 동요하다
		II. 고려와 조선의 성립과 발전 1. 민족을 재통일하여 발전한 고려 (4) 고려와 이웃 나라들

정변을 일으킨 무신들은 정권을 장악하였고, 최씨 무신 정권은 4대 60여 년간 유지하였다. 최씨 정권은 도방과 삼별초를 두어 군사적 기반을 강화하였다.

계속되는 몽골의 침입에 최씨 무신 정권은 강화도로 천도하고 대몽 항전을 한다. 실제로 대몽 항전에 적극적으로 나선 것은 하층민이었다. 노비를 비롯한 하층민으로 구성된 군대가 몽골군을 물리치기도 했다.

몽골의 침략과 고려의 항쟁

무신들이 고려의 정권을 잡고 권력에 취해 횡포를 일삼는 동안, 나라 밖 중국 대륙에서는 큰 변화가 일어나고 있었습니다. 흩어져 있던 부족들을 통일해 몽골 제국이 탄생한 것입니다. 1219년, 거란족 일부가 몽골군에게 밀려 고려의 국경을 넘은 일이 있자 고려와 몽골은 힘을 합쳐 거란족을 물리칩니다. 그리고 형제의 관계를 맺을 것을 약속하지요. 하지만 거란족으로부터 고려를 보호해 준 은인이라며 몽골은 자신들에게 공물을 바칠 것을 요구합니다. 그러던 중 몽골 사신이 살해되는 사건이 일어나고 몽골과 고려의 외교 관계는 큰 변화를 겪게 됩니다.

1231년 몽골은 고려를 침략하게 되고, 이후 30여 년 동안이나 끈질기게 계속 공격을 합니다. 이런 몽골의 공격에 결국 고려의 도읍인 개경이 완전히 포위당하게 되지요. 최충헌의 뒤를 이어 고려 최고의 권력자에 오른 최우는 몽골 진영에 사신을 보내 싸움을 그치고 평화를 맺을 것을 제의합니다. 이에 몽골은 강화를 받아들이고 돌아가지요.

몽골의 침입에 호되게 당한 최우는 도읍을 강화도로 옮길 것을 주장합니다. 강화도는 바다를 건너야 도착할 수 있는 섬으로 초원에서만 생활하던 몽골군에게는 공격하기 쉬운 곳이 아니었기 때문이지요. 고려가 강화도로의 천도를 결정하자 몽골은 이를 핑계 삼아 다시 군대를 고려에 보냅니다. 동진과 금을 잇달아 멸망시킨 몽골의 기세는 매우 높았습니다. 기세등등하게 쳐들어온 몽골군의 침입에 황룡사 9층 목탑 등 고려의 유물이 많이 훼손되었지요. 이러한 몽골군을 막기 위해 고려의 최씨 정권의 강력한 군사 기반이었던 삼별초는 맹렬히 맞서 싸웠습니다.

그러나 고려의 고종은 1259년 태자를 몽골로 보내 강화를 청합니다. 몽골의 요구대로 강화도에 있던 도읍을 다시 개경으로 옮기면서 30여 년 동안 이어진 몽골과의 전쟁은 끝을 맺게 되지요. 이 과정 속에서 최씨 무신 정권은 막을 내리고, 원종이 왕위에 오릅니다. 원종은 가장 먼저 무신 정권의 군사 기반이었던 삼별초의 해산을 명령합니다. 몽골과의 전쟁에서 강렬히 맞서 싸운 삼별초가 몽골에게는 반드시 없애야 할 존재였던 것이지요. 하지만 삼별초는 전쟁이 끝난 뒤에도 몽골과의 강화를 반대하며 해산을 명하는 조정의 명령을 따르지 않고 끝까지 항전을 하였습니다.

● **다음 제시문을 읽고 물음에 답하시오.**

(가) '별초'는 고려 시대의 군사 조직으로 '용사들로 조직된 선발군' 이라는 뜻이랍니다. 삼별초의 시작은 '야별초'였지요. 밤마다 도성 안을 순찰하는 임무를 맡아 도둑을 지키는 일을 했습니다. 뒤에 야별초는 좌별초와 우별초로 편성이 되었고, 여기에 몽골에서 탈출한 병사들로 이루어진 군대인 '신의군'이 더해져 '3개의 별초' 즉 '삼별초'가 탄생합니다.

(나) 강화도 천도로 정권을 잡은 귀족들과 함께 삼별초는 강화도로 옮겨 와 있었습니다. 그런데 조정에서 친몽 정책을 통해 몽골과 화의하게 되고 몽골군과 싸우던 삼별초에게 개경으로 돌아올 것을

명하지요. 하지만 삼별초는 조정의 명령을 따르지 않습니다. 이에 조정에서는 고려 장군 김방경과 고려인이면서 원나라로 건너가 장수가 된 홍다구로 하여금 삼별초를 치도록 하였지요. 여·몽 연합군은 진도에서 삼별초와 전투를 벌이게 되고, 몽골의 신무기인 철포를 지원받아 진도를 점령하는 데 성공합니다. 진도에서 삼별초를 이끌던 배중손은 이 전투에서 결국 죽고 말지요. 배중손의 뒤를 이은 김통정은 남은 삼별초를 이끌고 탐라, 즉 지금의 제주로 후퇴를 합니다. 결국 1273년 제주도에서 삼별초와 여·몽 연합군의 대규모 전투가 벌어지고 700명의 삼별초는 1만 3000명에 이르는 여·몽 연합군과 맞서 필사적으로 싸웠지만, 결국 여·몽 연합군의 승리로 끝을 맺게 됩니다.

1 (가)는 삼별초 탄생에 관한 내용이고, (나)는 삼별초의 끝에 관한 내용입니다. (가)와 (나)를 보고 역사 속에서의 삼별초의 의의에 대해 쓰시오.

● **다음 제시문을 읽고 물음에 답하시오.**

　　고려의 무신이 정권을 잡았을 무렵, 중국에서는 칭기즈 칸이 몽골 제국을 건설하여 세력을 확장하고 있었습니다. 이 시기 거란족이 반란을 일으키며 도망다니다가 고려의 국경을 넘게 되었지요. 이에 고려는 몽골과 연합하여 거란족을 물리칩니다. 이후 몽골은 고려에게 이 사건을 빌미로 많은 공물을 요구하였지요. 그러던 차에 몽골의 사신이 살해당하는 사건이 발생하고 이 사건은 몽골과의 전쟁으로 확산되게 됩니다.

　　1231년 몽골의 침입으로 전쟁이 시작되었지요. 여섯 차례에 걸친 몽골의 침입에 우리 민족은 지옥 같은 30여 년을 보내야 했습니다. 대구 부인사에 보관하고 있던 대장경 판목이 불타는가 하면 경주 황룡사 9층 탑이 불타 사라지기도 하였지요.

　　특히 몽골의 군대는 말을 타고 이동을 하는 기마병이 아주 우수하였습니다. 그래서 조정에서는 당시 수도였던 개경을 버리고 강화도로 이동을 하고자 하였습니다.

2 이 글은 몽골이 침입한 배경과 경과에 대한 글로, 수도를 강화도로 옮긴 이유가 무엇이었는지 추측하여 3가지 이상 서술하여 쓰시오.

논술
해답

강화도로 천도를 한 이후 여러 정변을 거쳐 집권자가 바뀌면서 강화
도로 천도한 원래의 목적은 잊고 귀족들은 안이한 생활을 했습니다. 그
래서 강화도는 정쟁에 휩싸이고 비상사태인데도 백성들의 안위는 잊혀
져 갔지요. 이후 무신 정권이 무력화되고 개경으로 다시 도읍을 옮기면
서 몽골과 강화를 맺었습니다. 당연히 무신 정권과 함께 자라난 삼별초
는 크게 힘을 잃게 되었지요.

이에 해산하라는 명령까지 듣게 된 삼별초는 강화도에서 진도로 근
거지를 옮기고 성을 구축합니다. 또한 진도가 여·몽 연합군의 공격으
로 함락되자 제주도로 옮겨 끝까지 저항합니다. 하지만 1273년 여·몽
연합군의 공격에 제주도에서 패함으로써 역사 속에서 영원히 사라지게
되지요.

사실 삼별초는 무신 세력을 유지하는 기반이었습니다. 하지만 강화

도-진도-제주도로 이어지는 그들의 항쟁은 몽골에 끝까지 맞선 고려의 자주 의식을 보여 준 사례이기도 함을 간과해서는 안 될 것입니다.

해답 2

　제시문에도 나와 있듯이 몽골의 군대는 넓은 초원에서 생활하며 말을 타고 다니던 군대입니다. 따라서 몽골의 군대는 산이나 바다에서는 약할 수밖에 없지요. 또한 강화도는 지리적으로 당시 수도였던 개경과 인접해 있습니다. 가까운 곳이었기 때문에 천도가 쉬웠지요. 그리고 강화도는 섬이 크고 곡식의 생산이 많아서 물자를 구하기도 쉬웠습니다. 설사 없는 물자가 있다고 하더라도 배를 이용하여 쉽게 옮길 수 있다는 장점이 있었습니다. 또한 강화도는 밀물과 썰물의 차가 커서 외부에서 기습을 하는 것이 어려운 지리적인 장점이 있었습니다. 이렇게 여러 장점이 있는 곳이라 강화도로 천도를 결정한 것입니다.

왜 공민왕의 개혁 정치는 실패했을까?

기철 vs 공민왕

　　원나라의 간섭을 받고 있던 고려의 제31대 왕으로 공민왕이 왕의 자리에 오릅니다. 그러나 공민왕은 원나라의 간섭에서 벗어나고자 원나라식으로 변발한 머리를 풀어헤치고 원나라 옷인 호복을 벗어 버렸습니다. 원나라로부터 벗어나기 위해 노력한 것이지요. 그리고 친원 세력의 대명사이자 원나라 황후인 기황후의 오빠, 기철을 제거하였습니다. 하지만 이 재판에서 기철은 공민왕이 반원 정책을 펴지 않았다고 주장합니다. 자신을 제거한 것은 반원 정책의 일환이 아니라 단순히 왕의 권력을 강화하기 위해서라는 거죠. 물론 공민왕은 이러한 기철의 주장에 맞서서 자신의 개혁 정치를 얘기합니다. 과연 고려 말에 어떤 일이 있었는지 이 책을 보면 알 수 있습니다.

(? ~ 1356년)
나는 고려 후기의 권세가로, 내 동생이 바로 원나라 순제의 황후입니다. 그동안 고려는 한마디로 내 세상이었는데, 공민왕이 왕위에 오르고 원의 세력이 약화되자 상황이 급변하기 시작했지요.

(1330년 ~ 1374년)
나는 고려의 제31대 임금입니다. 내가 왕이 되었을 당시 고려는 원나라의 간섭을 받고 있었습니다. 나는 친원 세력인 기철을 비롯한 기씨 일가의 힘을 꺾고, 쌍성총관부를 폐지하고, 빼앗긴 영토를 다시 찾는 등 고려의 자주성을 회복하기 위해 노력하였지요.

교과서
에는

원이 점차 쇠퇴하는 14세기 중반 고려 사회에는 개혁 기운이 크게 일어났고, 공민왕은 반원 개혁을 추진한다. 친원파를 숙청하고 정방을 폐지하고 왕권을 강화하였다. 하지만 공민왕은 결국 시해당하고 개혁 정치도 빛을 발하지 못한다.

고려는 원의 간섭을 받는 시기에 접어들게 되어 고려 국왕은 원의 공주와 혼인을 하였고, 왕자는 원에서 성장하면서 교육을 받아야 했다. 원의 간섭으로 왕위가 자주 바뀜에 따라 정치 세력의 교체도 빈번했다. 특히 권문세족이 등장함에 따라 왕의 힘은 더욱 약해질 수밖에 없었다.

고려는 건국 초부터 다양한 세력을 포용하며 개방적이고 유연한 태도를 보였다. 이러한 고려의 대외 교류는 원 간섭기에도 활발하게 전개되었다.

몽골과 강화를 맺은 후 고려 국왕은 원 황제의 사위가 되어야 했고 내정 간섭을 받아야 했다. 14세기 후반 공민왕은 대외적으로는 반원 자주 정책을 펼쳤고 대내적으로는 권문세족을 누르고 왕권을 강화하였다. 그 후 고려는 왜구와 홍건적의 침입을 받았으나 최영 장군과 이성계 장군 등이 이를 물리쳤다.

원과 공민왕

아시아에서부터 유럽 지역에 걸쳐 대제국을 건설한 몽골은 나라의 이름을 '원'으로 바꾸었습니다. 몽골은 오랫동안 전쟁을 치렀던 고려와 강화를 맺고 나랏일에 간섭을 하기 시작하지요. 고려의 왕이 될 태자는 어린 시절을 원나라에서 보내야 했고, 원나라 공주와 혼인을 해야 했습니다. 자연스레 고려는 원의 사위의 나라, 즉 부마국이 되고 말았지요. 그래서 이전에 고려의 신하들은 왕에게 '폐하'라 부를 수 있었지만 한 단계 낮은 칭호인 '전하'를 사용할 수밖에 없었습니다.

충렬왕 때부터 시작된 원의 간섭은 더욱 적극적이고 또 심해졌습니다. 원나라는 고려에 '다루가치'라는 관리를 보내 원으로 보낼 공물을 직접 거둬들이도록 했지요. 그뿐만 아니라 수많은 고려의 처녀들을 원나라에 공녀로 바쳐야 했답니다.

1351년 고려의 공민왕이 제31대 고려의 왕으로 즉위를 하게 됩니다.

공민왕도 열두 살 때부터 10년 동안을 원나라에서 살다가 왕위에 오르기 위해 고려로 돌아왔습니다. 하지만 공민왕은 변발과 원나라 복장을 벗어던지고 본격적인 개혁 정치를 시작하게 되지요. 그리하여 누이동생이 원의 황후로 있어 최고의 권력을 누리고 있던 기철과 그 세력을 모조리 제거하는 데 성공합니다.

이런 공민왕의 곁에는 원나라의 공주인 노국 공주가 있었습니다. 하지만 노국 공주는 공민왕의 개혁을 반대하거나 원망하지 않고 원나라의 압박으로부터 공민왕을 막아주기까지 합니다. 그러나 노국 공주는 아기를 낳는 도중 숨을 거둬 공민왕의 곁을 떠나고 말지요. 노국 공주를 잃은 슬픔에 공민왕은 노국 공주의 초상화를 그리거나 술을 마시며 슬픔에 잠겨 있게 됩니다. 개혁 정치도 잊은 채 말이지요.

● **다음 제시문을 읽고 물음에 답하시오.**

공민왕의 왕비인 ㉠ 노국 공주는 원나라에서 온 사람이었습니다.
원의 출신이기는 했지만 공민왕과 결혼한 뒤로는 고려를 위해, 공민
왕을 위해 힘썼습니다. 원에 반하는 개혁을 하거나, 원의 옷을 벗어버
리는 것도 마다하지 않았지요.

㉡ 기황후는 중국 원나라 황제의 황후가 된 고려 여인입니다. 몽골
명은 솔롱고 올제이 후투그이지요. 고려의 관리였던 기자오의 딸로,
원나라에 바쳐지는 공녀 중 한 사람이었습니다. 원으로 건너가 궁녀
가 되었으며 황제의 총애를 얻어 귀빈이 되었지요. 이후 황후의 자리
를 차지하게 되고 황제의 아들까지 낳았습니다.

1 이 글의 (ㄱ) 노국 공주와 (ㄴ) 기황후의 삶을 비교해 보고 공통점과 차이점을 쓰시오.

● **다음 제시문을 읽고 물음에 답하시오.**

(가) 공민왕은 즉위하고 얼마 뒤에 무신 정권의 최우가 설치하여 인사 행정을 맡아 오던 정방을 폐지하였습니다. 무신 정권 이후 허수아비에 불과했던 왕의 자리를 제대로 찾기 위한 조치였지요.

(나) 공민왕은 친원 세력의 우두머리인 기씨 일족을 제거하였습니다. 그리고 쌍성총관부를 공격하여 원나라가 지배했던 철령 이북의 땅을 되찾았지요.

(다) 공민왕은 승려였던 신돈을 가까이 하여 그의 의견에 따른 정치를 펴기도 합니다. 권문세족이 불법으로 차지한 토지를 원소유주에게 돌려주는 등 여러 개혁을 단행하였지요.

2 (가)와 (나), (다)를 읽고 공민왕의 개혁 정치를 비판하여 쓰시오.

해답 1

　노국 공주와 기황후 모두 14세기를 살았던 여인으로 평범하지만은 않은 인생을 살았습니다. 노국 공주는 원의 공주로 태어났으나 공민왕의 부인이 되어 고려로 와야 했고, 기황후는 고려 관리의 딸로 태어났으나 원에 공녀로 보내졌지요. 이렇게 굴곡진 인생이 두 여인의 공통점입니다. 하지만 두 여인은 많은 차이점이 있습니다. 노국 공주는 고려에 시집을 와서 개혁 정치를 하는 공민왕의 뒷받침이 된 반면, 기황후는 원나라와 조정에 큰 영향력을 행사하였답니다.

(가)는 무신 정권의 그림자를 떨쳐버리기 위한 개혁 활동 중 하나였고, (나)는 반원 자주화를 위한 개혁 정치 중 하나였습니다. 그리고 (다)는 신돈을 등용한 이후의 개혁 정치에 관한 내용입니다. 이처럼 공민왕은 기울어져 가는 고려를 바로잡기 위해 노력을 했지요. 하지만 지지 기반이 약했던 탓에 공민왕의 개혁 정치는 미완으로 그치고 맙니다. 고려가 원나라로부터 벗어나 자주성을 확보하기는 했지만 아쉽게도 이에 그치고 말지요.

역사공화국 한국사법정 논술 노트 1

ⓒ 편집부 엮음, 2013

초판 1쇄 인쇄 2013년 2월 25일
초판 1쇄 발행 2013년 3월 14일

펴낸이   강병철
주간   정은영
편집   김선영, 한승희
디자인   배현정 김희숙 이영민
마케팅   장성준 박제연 전연교 최은석
E-사업부 정의범 김혜연

펴낸곳   (주)자음과모음
출판등록 2001년 11월 28일 제313-2001-259호
주소   121-840 서울시 마포구 서교동 396-33번지
전화   편집부 (02) 324-2347경영지원부 (02) 325-6047
팩스   편집부 (02) 324-2348경영지원부 (02) 2648-1311
이메일   soseries@jamobook.com
독자카페 cafe.naver.com/jamoedu
홈페이지 www.jamo21.net

ISBN 978-89-544-2850-7 (44900)
     978-89-544-2855-2 (set)